내 몸이 성전입니다

내 몸이 성전입니다

지은이 | 김관선
초판 발행 | 2021. 2. 18
등록번호 | 제1988-000080호
등록된 곳 | 서울특별시 용산구 서빙고로65길 38
발행처 | 사단법인 두란노서원
영업부 | 2078-3352   FAX | 080-749-3705
출판부 | 2078-3331

책값은 뒤표지에 있습니다.
ISBN 978-89-531-3959-6 03230

독자의 의견을 기다립니다.
tpress@duranno.com   www.duranno.com

두란노서원은 바울 사도가 3차 전도여행 때 에베소에서 성령 받은 제자들을 따로 세워 하나님의 말씀으로 양육하던 장소입니다. 사도행전 19장 8~20절의 정신에 따라 첫째 목회자를 돕는 사역과 평신도를 훈련시키는 사역, 둘째 세계선교(TIM)와 문서선교(단행본잡지) 사역, 셋째 예수문화 및 경배와 찬양 사역, 그리고 가정·상담 사역 등을 감당하고 있습니다. 1980년 12월 22일에 창립된 두란노서원은 주님 오실 때까지 이 사역들을 계속할 것입니다.

몸으로 이루는
한 글자 영성

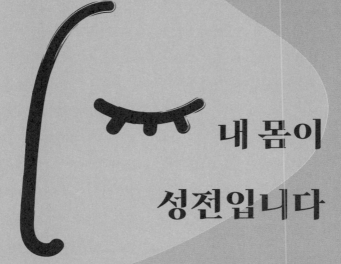

내 몸이
성전입니다

김관선 지음

두란노

건강한 성전다운 몸과 삶이 펼쳐 낼
하나님 나라를 기대합니다

저의 아버지는 참 건강한 분이셨습니다. 교통사고로 천국에 가시기 전까지 아침 일찍 일어나시는 것은 기본이고, 조금도 몸을 가만히 두지 않으실 정도로 부지런하셨습니다. 밤이 늦어도 할 일을 마쳐야 잠자리에 들곤 하셨지요. 어머니 역시 90세가 다 되도록 몸은 늘 민첩하셨습니다. 그 '몸'의 수고가 일곱 남매의 '삶'을 뒷받침했습니다. 그런 부모님에게서 물려받은 몸과 삶의 태도는 제게 복이었습니다. 하나님이 주신 몸의 가치를 높여 하나님 나라를 위한 삶을 잇게 하였습니다.

그리스도인은 머리 되신 주님의 몸 역할을 하는 것이고 그 몸으로 삶을 가꾼다는 것이 성경 곳곳에 나타납니다. 그런 가치를 정리해 보니 참 재미있었고 그것을 우리 성도님들과 나누는 즐거움을 누렸습니다. 그 기쁨을 함께 나누고 싶어 말로 선포된 것을 글로 바꿔 보았습니다.

요즘 한국 교회가 그리스도의 몸으로서, 머리이신 주님께 기쁨이 되고 그 나라에 유익이 되고 있는지 고민을 많이 하고 있습니다. 일부이기는 하지만 교회가 세상의 비난이 되는 현상은 몸을 잘못 움직여 그리스도인다운 삶을 온전히 이루지 못한 때문이라 하지 않을 수 없습니다. 그렇게 되면 머리 되신 주님을 욕되게 할 뿐입니다.

몸이 움직일 때마다 주님께 영광이 돌아가야 할 텐데, 삶을 망가뜨리는 몸으로 인해 하나님 나라에 손상이 되지 않을까 걱정스럽습니다. 우리의 손이든 발이든 입이든, 또 그 손, 발, 입을 움직이는 머리까지 건강하게 유지되고 기능해야 하는데, 말처럼 쉽지 않습니다.

모두가 공감할 아름답고 건강한 손과 발, 그리고 몸이란 건전한 가치를 머릿속에 담고 가슴에 품을 때 가능합니다. 그 가치는 이미 성경을 통해 분명하게 제시되어 있습니다. 그런 가치에 의해 움직이고 기능하는 우리 몸의 모든 지체가 만들어 낼 삶과 그 삶을 사는 많은 그리스도인이 펼쳐 낼 하나님 나라를 기대합니다. 기능 장애가 없는 건강한 몸으로서의 교회, 구성원 모두가 서로를 배려하는 순결하고도 지혜로운 움직임으로 이루어 갈 그 나라를 바라봅니다.

다시 한 번 이 책을 통해 하나님이 우리에게 주신 몸의 가치를 높이는 데 자극이 되기를 기대합니다. 그래서 만들어질 건강한 성전다운 삶과 하나님 나라를 오늘도 꿈꾸며 미소를 지어 봅니다.

2021년 2월

——— 김관선

목차

머리말 4

1부
몸이 성전 되다

1. 몸   12

몸은 하나님의 신비한 작품입니다 / 몸이 바르게 사용되려면 / 몸의 가치는 나 자신
이 높입니다 / 이제는 몸으로 삶을 살아 냅시다

2. 귀   30

우리는 귀로도, 마음으로도 듣습니다 / 무엇을 들어야 할까요 / 어떻게 들어야 합니
까 / 하나님의 귀를 닮아 갑시다

3. 눈   45

보는 것은 복입니다 / 보이지 않는 것을 보아야 합니다 / 감추어진 것이 보이면 행복
해집니다 / 성령으로 영의 눈이 열려야 합니다 / 하나님의 눈을 의식하며 삽시다

4. 입   61

잘 말하기, 참 어렵습니다 / 좋은 말을 하는 따듯한 입을 갖고 싶다면 / 하나님의 입을 대신해서 말합시다

5. 손   78

손, 사용법에 인생이 달렸습니다 / 어떤 손이 되어야 할까요 / 우리 손으로 하나님 손을 대신합시다

6. 발   98

내 발은 아름답습니까 / 속도보다 방향이 더 중요합니다 / 어떤 길을 걷고 어느 길로 가고 있습니까 / '발 조심' 해야 합니다 / 복음을 전하는 아름다운 발이 됩시다

2부
성전으로의 삶을 살다

7. 장   116

보이지 않는 장, 잘 관리해야 합니다 / 주님의 마음으로 살 때 살 만한 세상이 됩니다 /
나는 주님께 심장 같은 존재인가요 / 머리로 말고 애끓는 가슴으로 합시다

8. 피   132

피는 생명입니다 / 그리스도의 피가 흐르고 있습니까 / 죄와 피 흘리기까지 싸워야
합니다 / 나의 피 흘림으로 생명을 살립시다

9. 뼈   148

뼈는 몸을 지탱하는 프레임입니다 / 신앙의 기본 뼈대는 교회생활입니다 / 영적인
뼈에 양약은 하나님 말씀입니다 / 영적 뼈대를 든든히 합시다

10. 살 163

몸이 존재하려면 살이 필요합니다 / 건강한 살을 갖고자 노력해야 합니다 / 내 살을 남의 살로 만드는 삶을 추구하십시오 / 살, 하나님이 은혜 주셔야 유지됩니다

11. 뇌 178

뇌는 온몸을 통제합니다 / 나의 뇌는 그리스도여야 합니다 / 영적 뇌사 상태, 조심해야 합니다 / 주님만을 머리로 삼고 살아갑시다

12. 삶 194

나의 존재 자체는 하나님께 있습니다 / 그러나 삶의 가치는 내가 만들어 갑니다 / 사람만이 희망입니다 / 착한 사람 되어 천국 같은 세상을 만듭시다

1부

몸이
성전 되다

1. 몸

1 그러므로 형제들아 내가 하나님의 모든 자비하심으로 너희를 권하노니 너희 몸을 하나님이 기뻐하시는 거룩한 산 제물로 드리라 이는 너희가 드릴 영적 예배니라
2 너희는 이 세대를 본받지 말고 오직 마음을 새롭게 함으로 변화를 받아 하나님의 선하시고 기뻐하시고 온전하신 뜻이 무엇인지 분별하도록 하라 로마서 12:1-2

몸은 하나님의 신비한 작품입니다

사람은 몸을 가지고 존재합니다. 몸으로 모든 행동을 합니다. 몸으로 일을 하고, 몸으로 즐거움을 느끼고, 몸으로 이 세상의 모든 활동을 합니다. 생각도 몸 안에서 이루어지는 현상입니다. 마음도 몸 안에 있습니다. 하나님은 사람의 몸을 신비하게 창조하셨습니다.

사람의 몸에는 100조 개의 세포 조직이 있고, 25조 개의 적혈구와 250억 개의 백혈구가 있다고 합니다. 자동차를 만드는 데 필요한 부품이 1만 3,000개이고, 보잉 747 제트기를 완성하려면 전 세계 1,100개 부품 회사로부터 공급되는 부품 300만 개가 필요하며, 우주왕복선의 경우 500만 개의 부품이 들어간다고 하니 생각할수록 우리의 몸은 놀랍고도 신비하기 그지없습니다. 단순한 부품의 조합이 아니라는 의미입니다. 몸은 하나님의 신비한 작품입니다.

그런데 역사 이래 몸에 대한 잘못된 생각이 있어 왔습니다. 크게 두 가지로 볼 수 있는데, 하나는 몸을 하찮게 여기는 태도입니다. 상당히 오래된 잘못된 태도입니다. 또 하나는 몸을 최우선 가치로 여겨 몸 관리에만 집중하는 것입니다. 그리스도인은 이와 같은 몸에 대한 잘못된 생각에서 벗어나 성경적 태도를 견지해야 합니다.

무엇보다 성경은 몸을 영에 비해 무가치하다고 말하지 않으며, 오히려 매우 소중하게 여깁니다(물론 영은 강조할 필요도 없이 중요하기에 따로 언급하지 않겠습니다). 그러므로 그리스도인은 몸과 영의 균형을 잘 맞추어야 합니다. 쉽게 말해, 내용물만큼 포장지도 중요합니다. 콩나물을 사면 검정색 비닐봉지에 담아 줍니다. 그러나 고가의 명품 시계를 사면 포장지도 고급입니다. 포장 비용만 몇십만 원 하기도 합니다. 내용이 좋기 때문입니다.

우리의 몸도 마찬가지입니다. 우리의 몸은 영이 깃든 공간입니다. 고귀한 영혼이 깃든 우리의 몸은 매우 소중합니다. 영과 몸의 분리가 바로 죽음입니다. 우리의 몸이 매우 소중하다는 사실을 잊지 맙시다.

사람은 몸으로 삶을 가꿉니다. 따라서 앞서 지적했듯이, 몸을 하찮게 여기는 태도는 매우 위험합니다. 이는 오랫동안 인류를 지배해 온 그리스 사상인 이원론(Dualism)의 영향으로 발생하였습니다. 이원론은 몸은 천하고, 영, 정신, 이데아(Idea, 관념), 로고스(Logos, 이성)만 고상하다고 보는 견해입니다. 이에 기초해 가장 오래된 이단이 생겨났는데 그들은 하나님이신 예수 그리스도가 육체로 오심을 부인합니다.

사도 요한은 그 이단에 대해 신경을 많이 썼는데, 그리스도가 육체를 입고 오심을 인정하는 자가 바른 신앙을 가진 자(요일 4:2)라고 언급함과 동시에, 그 사실을 부인하는 자는 이단(요이 1:7)이라고 선언하였습니다.

그래서 요한은 요한복음의 첫 장에 "말씀이 육신이 되어"(요 1:14)라고 의도적으로 기록하면서 주님이 이 땅에 오셨다는 사실을 강조했습니다. 그리스에서 '말' 그 이상의 개념을 담은 '로고스'(Logos, 말씀)라는 단어를 사용해 유대인들이 매우 중요하게 여기는 로고스가 몸이 되어 우리 가운데 오셨다고 강조한 것입니다. 요한의 세심한 의도가 묻어나는 말씀입니다. 그는 몸을 입고 이 땅에 오신 그리스도를 보다 정확하게 보여 주고 싶었습니다.

사람의 몸은 매우 귀합니다. 영만 귀하고 몸은 천한 것이 결코 아닙니다. 삶은 몸으로 이룹니다. 몸으로 일합니다. 더욱이 그리스도인인 우리에게 몸은 정말 귀합니다. 몸으로 하나님 앞에 산 제사를 드리는 삶을 살기 때문입니다. 몸이 움직여서 선한 일을 하고, 예배하고, 하나님이 원하시는 역사를 이 세상에 펼칠 수 있다는 것이 본문의 핵심입니다.

예수님도 친히 나무에 달려 그 몸으로 우리의 죄를 담당하사 우리를 살리셨습니다. 그분이 채찍에 맞으심으로 우리가 나음을 얻었습니다(벧전 2:24). 예수님의 몸이 최고의 가치를 드러낸 것입니다. 예수님의 몸으로, 구약 시대 제사에 사용된 제물이 더 이상 필요하지 않게 되었습니다. 예수님의 몸이 바로 구약에 예표된 제물의 실체였습니다. 몸은 이처럼 매우 귀합니다.

몸이 바르게 사용되려면

몸에 성령이 거하셔야 합니다

사도 바울은 우리의 몸이 매우 귀하다는 사실을 노골적으로 깨우쳐 주었습니다. 몸을 더럽히는 성적 죄악을 저지르는 자들을 겨냥한 말씀입니다.

> 너희 몸은 너희가 하나님께로부터 받은바 너희 가운데 계신 성령의 전인 줄을 알지 못하느냐 너희는 너희 자신의 것이 아니라 값으로 산 것이 되었으니 그런즉 너희 몸으로 하나님께 영광을 돌리라 고전 6:19-20

하나님께 영광을 돌리는 것은 영이나 정신, 마음으로가 아니라 '몸으로', 즉 '행위로' 하는 것임을 강조한 것입니다.

몸이 어떻게 사용되는가는 매우 중요합니다. 몸이 바르게 사용되려면 내 몸에 성령이 거하셔야 합니다. 그러면 몸이 따라갑니다. 성령이 내 몸에 거하신다는 말은 내 생각, 내 마음의 작용을 성령이 움직이신다는 의미입니다. 그러면 몸은 자연스레 건강하게 활동합니다.

몸이 든든해야 합니다

마음이 가서,

마음이 쓰여서,

마음이 시켜서.

마음은 우리의 생각보다 훨씬 힘이 셉니다.

　국내 한 기업의 광고 카피입니다. 몸은 마음을 따라갑니다. 마음이 원하면 몸은 힘들어도 움직입니다. 마음이 감사하면 몸도 감사를 표현하고 감사한 행동을 합니다. 우리 어머니들은 하루 종일 분주하게 보내느라 힘들고 지쳤는데도 공부하다 밤늦게 들어온 자녀를 위해 몸을 추스르고 간식을 챙겨 주고 격려합니다. 그들이 슈퍼우먼, 원더우먼이기 때문이 아닙니다. 마음이 움직이기에 몸도 움직이는 것입니다. 그래서 몸을 건강하게 가꾸려면 먼저 마음을 건강하게 유지해야 합니다.

　우리는 마음의 건강을 유지하기 위해 예배하고, 말씀을 묵상하고, 기도합니다. 신앙생활을 통해 주변 상황에 흔들리지 않도록 마음을 다잡는 것입니다. 그런데 아무리 마음이 원해도 몸이 말을 듣지 않는 경우가 있습니다. 예수님의 말씀을 떠올려 봅시다.

　　시험에 들지 않게 깨어 기도하라 마음에는 원이로되 육신이 약하도다

　　마 26:41

마음을 따라가고 영적 결단을 현실화하기 위해서는 몸이 힘을 가져야 합니다. 밤늦은 시간 자녀를 챙겨 주고 싶은 어머니의 마음은 원인데 몸이 그 마음만큼 움직일 힘이 없으면 어찌할 도리가 없습니다. 그러므로 우리는 몸을 든든하게 만들어야 합니다.

좋은 음식을 잘 먹어야 합니다

몸을 위해 음식을 먹는 것은 귀한 일입니다. 우리가 음식을 먹는 이유는 몸에 필요한 영양소를 공급하기 위해서입니다. 음식을 먹지 않는 금식을 하는 것만이 좋은 신앙이라고 착각해선 안 됩니다. 오히려 잘 먹고, 잘 마시고, 날마다 잔치하듯 살아가면서 우리의 몸으로 아름다운 일을 하는 편이 더 좋습니다.

예수님은 이 땅에 계시는 동안 사람들의 몸을 위해 그들을 먹이셨습니다. 오병이어의 기적이 그중 하나입니다. 배고파 쓰러질 지경인 이스라엘 백성이 걱정되어 배불리 먹이신 놀라운 표적입니다. 4복음서 모두에 나오는 중요한 기적입니다.

한편 예수님이 금식하셨다는 기록은 성경에 단 한 번 나오는데, 공생애를 시작하면서 깊이 기도하신 40일 금식 사건뿐입니다. 심지어 예수님은 세례 요한의 제자들로부터 금식을 하지 않는다는 비난을 받기도 하셨습니다. 그런 그들에게 예수님은 "혼인집 손님들이 신랑과 함께 있을 동안에 슬퍼할 수 있느냐 그러나 신랑을 빼앗길 날이 이르리니 그때에는 금식할 것이니라"(마

9:15)고 말씀하셨습니다. 금식이 아닌, 신앙적으로 바르게 먹고 건강하게 일하는 데 초점을 맞추셨던 것입니다. 그럼에도 바른 신앙을 알지 못하는 자들은 예수님을 향해 금식하지 않고 먹고 마신다며 비난했습니다(마 11:19).

예수님은 산상설교에서 당시 유대인들 사이에 만연했던 금식에 대한 잘못된 인식을 바로잡기 위해 금식이 사람 앞에 자랑이 되지 않도록 조심하라고 가르치셨습니다. 잘못된 금식에 경고를 보내신 것입니다(마 6:16-18). 또 자신이 이레에 두 번 금식한다고 자랑하는 바리새인의 기도가 얼마나 공허한지도 이야기하셨습니다(눅 18:12). 하나님은 외식하는 기도를 결코 의롭게 여기지 않으심을 지적하신 것입니다.

예수님은 배가 고프실 때 참지 않고 먹을 것을 찾으셨습니다. 한 예가 무화과나무에서 열매를 찾으신 사건입니다(마 21:18-19). 배고프신 예수님은 열매가 없는 무화과나무를 보면서 노하셨고, 그 나무는 저주를 받아 말랐습니다. 물론 이 사건에는 하나님의 백성으로서 열매를 맺지 못하는 이스라엘을 질책하신 상징적 의미가 담겨 있습니다. 그러나 문자적으로는, 예수님이 배고픔을 해결하기 위해 무화과나무 열매를 찾으신 것입니다.

우리가 또 하나 놓치지 말아야 할 것이 있습니다. 예수님은 십자가 고통을 앞두고 마지막 만찬을 하셨습니다. 이 세상에서의 사역의 완성을 보여 줄 십자가를 앞두고 제자들과 음식을 잡수신 것입니다. 심각한 사역 이전에 금식하신 것이 아닙니다. 제자들에게 금식 기도를 명령하지도 않으셨습니다. 예수님은 준비하신 만찬석에 제자들을 초대하셨습니다. 직접 떡을 떼어 주셨고, 잔을 채워 마시게 하셨습니다. 제자들은 오늘날 성찬식에 참여하는 우리와 달리 떡과 포도주를 배불리 먹었을 것입니다.

또 예수님은 부활하신 후 제자들을 위해 음식을 준비하셨습니다(요 21:9). 예수님을 모른다고 부인한 베드로와 예수님을 버리고 도망간 제자들을 다시 회복시키시는 중요한 만남에서, 예수님은 먼저 그들을 먹이셨습니다. 그들더러 "밥 먹을 자격도 없는 녀석들!"이라고 비난하지 않으셨습니다. 배불리 먹이시고 몸을 따뜻하게 녹여 주신 후 제자들을 다시 회복시키시고 사명을 부여하셨습니다. 그리고 예수님도 부활하신 몸으로 직접 음식을 잡수셨습니다(눅 24:30).

먹는 것은 몸의 건강을 위한 일입니다. 건강을 해롭게 하는 음식을 먹는 것은 죄일 수 있습니다. 몸에 좋은 음식을 먹고 건강을 해칠 일을 하지 않는 것이 바람직한 신앙의 모습입니다. 몸을 과도하게 피곤하게 하면서 하나님이 지켜 주실 것이라는 기대를 갖는 것은 하나님을 시험하는 일일 수 있습니다.

내 몸은 내가 관리할 책임이 있습니다. 하나님은 돈이나 여타의 재산, 재능, 그리고 자녀 등에 대해 우리 각자를 관리 책임자, 즉 청지기로 세우셨습니다. 몸도 마찬가지입니다. 몸을 잘 관리해서 건강한 삶을 살고, 그 몸으로 가치 있는 일에 힘쓰며 살아야 합니다.

물론 성경에는 금식하며 예수님을 섬긴 선지자 안나의 이야기가 나옵니다(눅 2:36-38). 참 귀한 여인이요, 진실한 금식입니다. 금식은 그녀가 할 수 있는 최고의 신앙의 삶이었습니다. 그러나 이를 일반화할 수는 없습니다. 일반적으로는 잘 먹고 건강해서 주님이 기뻐하시는 일을 하는 것이 아름다운 신앙의 모습입니다. 물론 금식해야 하는 특별한 경우가 분명히 있음은 결코 간과하지 않습니다.

힘닿는 대로 헌신해야 합니다

지나치게 몸을 챙기는 태도도 문제입니다. 최근에 나타난 가장 심각한 현상입니다. 몸이 우상이 되어서는 안 됩니다. 건강염려증 등 병으로 발전하지 않도록 주의해야 합니다.

몸과 관련된 신드롬도 문제입니다. 병적 증상입니다. 몸 때문에 영이 죽으면 심각합니다. 몸은 좀 힘들어도 영을 우선적으로 챙기는 태도가 중요합니다. 이를 위해서는 훈련이 필요합니다. 아무리 몸이 피곤해도 아침 기도를 놓치지 않으면 몸이 잘 움직입니다. 처지고 주저앉는 순간 더 지칠 수 있습니다.

그런데 누군가는 몸이 건강하지 못할 수 있습니다. 모두 힘이 넘치지는 않습니다. 건강하다고 자부하다가도 한순간에 병원에

입원할 수 있습니다. 몸이 약해 힘든 사람도 있을 것입니다.

그러나 좌절하지 마십시오. 사도 바울, 디모데 등 믿음의 선진들도 병을 안고 살았습니다. 그들은 하나님의 대단한 일꾼이었으나, 몸이 약했습니다. 바울은 그 병을 가리켜 '육체에 가시'라고 표현했습니다(고후 12:7). 죽지는 않는 병이지만 콕콕 찌르는 가시처럼 불편함과 고통을 안겨 주었기 때문입니다. 바울이 아들같이 사랑한 디모데 역시 병의 증세가 빈번히 나타났습니다. 약이 변변치 못하던 시대에 포도주라도 약으로 써야 하는 상황이었습니다.

만약 하나님이 그들을 건강하게 하셨다면 얼마나 더 열심히 사역했을까요? 그러나 하나님은 그들의 병을 고쳐 주시지 않았습니다. 그 약한 몸을 통해 하나님을 더욱 의지하게 하셨고, 하나님만이 힘이 되심을 알게 하셨습니다. 그 사실을 알기에 그들의 병은 선한 일에 방해가 되지 않았습니다.

건강한 몸으로 죄를 짓거나 선한 일을 꿈꾸지 못한다면 부끄러운 일이요, 몸은 약하지만 착한 삶을 살아가고 주님의 일을 사명으로 알고 힘닿는 대로 헌신한다면 진정 건강한 삶입니다. 더 나아가 약하지만 착한 삶을 살아가는 사람이야말로 건강한 몸으로 선한 일을 하는 사람보다 더 아름다운 몸을 가진 자입니다.

내 몸이 성전입니다

몸의 가치는 나 자신이 높입니다

하나님은 사람을 창조하시면서 몸을 먼저 만드셨습니다. 사람의 몸은 하나님의 작품입니다. 더욱이 하나님은 하나님의 형상대로 사람을 지으셨습니다. 하나님의 형상은 단순히 영적인 것만을 의미하지 않습니다. 몸에도 하나님의 형상이 담겨 있습니다. 하나님은 완벽한 인간의 몸을 만드신 것입니다. 그리고 그 몸에 하나님의 영을 불어 넣으셨습니다. 몸이 없으면 영도 들어갈 공간이 없습니다. 몸은 영이 담기는 공간이요 그릇과 같습니다. 몸이 없으면 영도 이 땅에 존재할 수 없습니다. 그것이 죽음입니다.

또한 하나님은 아무리 하찮은 재료도 귀하게 사용하십니다. 흙이라는 별 가치 없어 보이는 재료로 놀라운 작품을 만들어 내셨습니다. 작가가 훌륭하기에 작품의 가치가 높습니다. 그러므로 우리의 육체가 아름답고 귀한 것입니다.

하나님은 그런 이유로 세상에서 별로 귀하게 여김 받지 못하는 사람일지라도 귀하게 사용하십니다. 자신이 흙이라고 생각될 만큼 학력이나 능력, 재력이 없어도 몸을 아끼지 않고 선한 일에 힘쓴다면 그 몸은 귀한 몸입니다. 하나님의 일에 사용할 때 내 몸의 부가가치가 높아지는 것입니다. 건강한 그리스도인은 몸을 통해 아름다운 삶을 보여 주어야 합니다. 그때 하나님의 창조물로서의 최고 가치를 드러낼 수 있습니다.

우리는 흔히 '몸을 만든다'는 표현을 사용합니다. 이는 몸을 보기 좋게 단련해 사람들에게 자랑할 만한 몸이 되게 한다는 뜻입니다. 언젠가부터 '몸짱'이라는 용어가 흔해졌고, 몸을 자랑하는 사람들이 많아졌습니다. 여성들은 날씬하고 균형 잡힌 몸매를, 남성들은 볼륨감이 살아 있는 근육질의 몸을 자랑합니다. 이것을 나쁘다고 할 수 없습니다. 아름답기도 합니다. 그러나 여기에만 치우치는 것이 문제입니다.

몸 건강에 관심이 많은 세상입니다. 이와 관련된 온갖 방송 프로그램이 생겼습니다. 먹는 것과 관련된 방송도 몸의 건강과 연결됩니다. 2014년 시작한 TV 프로그램 중에 "나는 몸신이다"라는 방송이 있습니다. 방송사 홈페이지를 보면 프로그램을 이렇게 소개합니다. "직접 개발한 건강법을 통해 몸을 다스리는 데 성공한 사람들의 건강 비법을 소개하는 프로그램." 이처럼 몸을 건강하게 하는 방법을 개발한 사람들을 소위 '몸신'이라고 칭할 정도로 우리 시대는 몸에 관심이 지대합니다.

몸의 건강은 매우 중요합니다. 몸을 건강하게 가꾸고 튼튼한 몸을 유지하기 위한 노력도 필요합니다. 사도 바울은 육체의 연단은 유익이 있다고 말했습니다.

육체의 연단은 약간의 유익이 있으나 경건은 범사에 유익하니 금생과 내생에 약속이 있느니라 딤전 4:8

　　　　　　　　　　　　　　　　　　　내 몸이 성전입니다

'육체의 연단'이란 신체를 단련하는 것입니다. 바울은 이 일이 무익하다거나 쓸데없는 일이니 영적 훈련만 하라고 하지 않았습니다. 경건한 삶을 살면서 육체를 건강하게 가꾸면 영적으로도 더욱 건강한 삶이 가능합니다.

저도 육체의 연단을 열심히 하는 편입니다. 체중 관리도 잘하고 뱃살이 붙지 않도록 애씁니다. 매일 운동을 일처럼 하는 편입니다. 건강하고 힘 있는 육체로 하나님의 일을 하고 싶기 때문입니다. 몸이 연약하여 주님의 나라를 위해 힘 있게 사용되는 데 방해가 되지 않도록 하기 위함입니다. 물론 제가 운동해서 건강이 보장된다고 생각하지는 않습니다. 하나님이 은혜를 베푸셔야 건강할 수 있다고 믿습니다. 그러나 나의 게으름이나 무모함으로 건강을 해치는 일은 결코 바른 자세가 아닙니다.

하나님의 거룩한 도구로서의 몸을 위한 노력은 거룩한 그리스도인의 사명인지도 모릅니다. 건강하고 힘이 세서 일할 수 있어야 합니다. 민첩한 몸으로 하나님이 기뻐하시는 일을 열심히 하는 모습은 매우 아름답습니다.

사람들은 몸을 가꾸기 위해 노력합니다. 몸 산업이 돈을 법니다. 몸에 투자를 합니다. 몸을 건강하게 만들기 위해 약이나 좋은 음식을 먹습니다. 아름다운 몸을 위해 운동을 하고 시간을 씁니다. 여기저기 몸짱이 많습니다. 연예인들이 열풍을 만들고 많은 사람이 따라 합니다.

그러나 연예인이나 모델처럼 되려고 애쓰지 마십시오. 그들은 그 일이 직업이기에 하루 종일 운동을 하고 몸매를 가꾸는 데 많은 비용과 시간을 사용합니다. 우리는 다릅니다. 온종일 스트레스를 받으며 업무에 매달렸다가 늦게 집에 들어와 허겁지겁 밥 먹고 쓰러져 자는데 어떻게 몸짱이 될 수 있습니까. 배가 나올 수밖에 없습니다. 운동할 시간도 없습니다. 너무 스트레스 받지 맙시다. 아름답게 살고 건강한 의식을 가지고 살면 됩니다. 가장 좋은 방법은 운동을 통해 멋진 몸을 만들고, 또 관리를 잘해서 건강하게 가꾸는 것입니다. 이 일은 매우 중요하고 아름다운 일입니다.

이제는 몸으로 삶을 살아 냅시다

그렇다면 진정 아름다운 몸이란 무엇일까요? 그것은 아름다운 삶으로 이어지는 몸입니다. 거룩한 도구로 사는 것입니다. 폭력을 위해 쓰이는 몸, 도박하는 손, 거짓과 사기를 일삼는 입 등은 아무리 겉보기에 아름다워도 결코 아름다운 모습이 아닙니다.

사람이 죽으면 몸을 처리하는 데도 많은 돈과 힘이 필요합니다. 한 예로, 선교사 데이비드 리빙스턴(David Livingstone)은 아프리카 선교 중 숨을 거두었습니다. 그의 심장은 그가 사랑하는 아프리카에 묻혔으나 그의 몸은 영국 런던으로 옮겨져 웨스트민스터 사원에 묻혀 있습니다. 몸이 부패하지 않도록 온갖 정성을 다해 런던까지 운반하는 데만 9개월이 소요되었다고 합니다. 시신을 운구하는 데 상당한 비용이 들었을 것입니다.

왜 이처럼 어렵고 힘든 일을 감행했을까요? 리빙스턴의 삶이 아름다웠고, 많은 사람이 그의 삶을 기리기를 원했기 때문입니다. 우리도 이처럼 소중한 몸이 진정 소중하게 느껴지는 삶을 살아야 합니다. 몸의 가치는 나 자신이 높입니다.

할리우드 최고의 여배우 오드리 헵번(Audrey Hepburn)이 좋아했던 시를 소개합니다. 원작은 샘 레벤슨(Sam Levenson)의 "시간이 알려 주는 아름다움의 비결"(Time tested beauty tips)인데, 손녀를 위해 쓴 편지 속에 있던 시라고 합니다. 오드리 헵번은 이 시에 공감했고, 어린이 난민 구호에 열정적으로 헌신했습니다. 이 시는 그녀가 말하는 '우리 몸의 진정한 아름다움을 가꾸는 비결'을 엿볼 수 있는 글입니다.

> 아름다운 입술을 갖고 싶으면,
> 친절한 말을 하라.
> 사랑스런 눈을 갖고 싶으면,
> 사람들에게서 좋은 점을 보아라.
> 날씬한 몸매를 갖고 싶으면,

너의 음식을 배고픈 사람과 나눠라.

아름다운 머리카락을 갖고 싶으면,

하루에 한 번 어린이가 손가락으로 너의 머리를 쓰다듬게 하라.

아름다운 자세를 갖고 싶으면,

너 혼자 걷고 있지 않음을 명심하며 걸어라.

사람은,

그 다른 어떤 '대상'보다도 우선적으로 그리고 더 많이

상처로부터 치유되어야 하며

낡은 것으로부터 새로워져야 하고

병으로부터 회복되어야 하고

무지함으로부터 교화되어야 하며

고통으로부터 구원받고 또 구원받아야 한다.

결코 누구도 버려서는 안 된다.

기억하라.

만약 도움을 주는 손이 필요하다면

너의 팔 끝에 있는 손을 이용하면 된다.

더 나이가 들면 손이 두 개라는 것을 발견하게 될 것이다.

한 손은 너 자신을 돕는 손이고

다른 한 손은 다른 사람을 돕는 손이다.

여인의 아름다움은 그녀가 입은 옷이나, 그녀가 가꾼 몸매나,

그녀의 헤어스타일에 달린 게 아니다.

여인의 아름다움은 그녀의 눈을 통하여 나타나며,

그 눈은, 사랑이 그 속에서 살고 있는 '사랑의 집'인

그녀의 '마음'으로 통하는 문이기 때문이다.

여인의 아름다움은,

얼굴에 칠해진 회색빛 화장이 아닌 그 영혼을 통해 반사되는 것이다.

여인의 아름다움이란 바로,

그녀가 기꺼이 베푸는 '보살핌'과

그녀가 보여 주는 '열정' 그 자체이기 때문이다.

　

이 시에는 성경적 가치가 모두 들어 있습니다. 하나님이 우리에게 주시는 명령이나 뜻은 일반적 상식만 있어도 알 수 있는 수준입니다. 즉 '착하게 살기', '아름답게 살기', '따뜻하게 살기' 등입니다. 우리는 그 삶을 마음이 아닌 몸으로 살아야 합니다. 몸을 건강하게 가꾸고, 때로는 몸을 아끼지 않고 착한 삶을 살아감으로 내 몸이 거룩한 성전이 되게 합시다.

2. 귀

너희 조상들을 본받지 말라 옛적 선지자들이 그들에게 외쳐
이르되 만군의 여호와께서 이같이 말씀하시기를 너희가 악
한 길, 악한 행위를 떠나서 돌아오라 하셨다 하나 그들이 듣지
아니하고 내게 귀를 기울이지 아니하였느니라 여호와의 말이
니라 스가랴 1:4

우리는 귀로도, 마음으로도 듣습니다

소리가 들린다는 것, 소리를 들을 수 있다는 것은 큰 기쁨입니다. 위대한 음악가인 루트비히 판 베토벤(Ludwig van Beethoven)은 소리가 점점 들리지 않아 죽고 싶을 정도였고, 실제로 유서를 쓰기도 했습니다. '하일리겐슈타트의 유서'라고 불리는데, 다뉴브 강변의 조용한 마을 하일리겐슈타트에서 썼기 때문에 그렇게 이름 붙여졌습니다. 음악가에게 귀는 생명과도 같은 것일진대 듣지 못하는 고통이 얼마나 컸겠습니까.

베토벤이 1824년에 완성한 제9번 교향곡 "합창"은 소리가 완전히 들리지 않을 때 쓴 곡입니다. 연주를 마친 후 베토벤이 관중의 기립 박수 소리를 듣지 못하자 오케스트라 악장이 그를 돌려 세워 주었을 정도였습니다.

아마도 베토벤은 세상 사람들이 가지고 있는 귀 대신 남들이 갖지 못한 귀를 가졌을 것입니다. 그렇기에 영감을 얻어 곡을 쓰는 동안 그 소리를 들을 수 있었을 것입니다. 그 귀를 통해 위대한 작품들이 탄생했을 것임은 부인할 수 없습니다.

물리학적으로 인간이 들을 수 있는 소리는 제한되어 있습니다. 거리가 멀거나 소리가 작으면 들리지 않습니다. 인간의 가청 주파수는 20-20,000Hz/sec입니다. 개의 가청 주파수는 67-45,000Hz/sec이고, 고양이의 가청 주파수는 45-64,000Hz/sec입니다. 들기로 따지면 짐승들이 훨씬 잘 듣기도 합니다. 저주파에서는 비슷하지만 고주파에서는 개나 고양이가 소리를 훨씬 잘 듣습니다.

인간의 귀는 너무 낮거나 높은 주파수대의 소리는 듣지 못합니다. 인간은 이러한 귀의 한계를 뛰어넘기 위해 작은 소리를 키우고 들리지 않는 소리까지 잡아내는 기술을 개발했습니다. 멀리 떨어진 사람들끼리 대화도 가능해졌습니다. 과학 기술을 이용한 다양한 기계들이 사람의 귀의 한계를 뛰어넘게 했습니다.

그러나 아무리 뛰어난 장비를 사용할지라도 들을 수 없는 소리는 여전히 많습니다. 하나님의 음성은 듣지 못합니다. 하늘의 소리는 들을 수 없습니다. 이것은 오직 영적 귀로만 듣는 것입니다. 뛰어난 청력을 가졌어도 짐승들이 절대로 들을 수 없는 것이 하늘의 소리입니다.

하늘의 소리는 오직 영적 귀가 밝아야 들을 수 있습니다. 그리스도인에게 있어서 영적 귀는 매우 중요합니다. 우리는 세상에서는 들을 수 없는 하늘의 소리, 주님의 음성을 들어야 합니다. 영적 귀로만 들을 수 있는 소리가 있습니다.

사람 사이의 대화도 마찬가지입니다. 듣는다는 것은 소리가 아닌 이해력을 말합니다. 외국인과 대화를 할 때 상대방의 언어를 알지 못해도 소리는 들립니다. 단지 이해가 되지 않을 뿐입니다. 그러므로 듣는다는 것은 곧 이해력, 분석력을 가리킵니다. 마음을 듣는 것입니다. 귀로는 듣지만 마음은 멀 수 있습니다. 그리고 정서적으로 공감되지 않는 것도 결코 듣는 것이 아닙니다. 정서적 귀, 가슴으로 듣는 소리는 매우 중요합니다.

하나님의 말씀, 하늘의 소리는 더욱 그렇습니다. 영적 귀가 밝아야 합니다.

무엇을 들어야 할까요

하나님 말씀을 들어야 합니다

영적 귀는 사람에게만 있습니다. 특히 그리스도인인 우리에게 영적 귀는 정말 중요합니다. 구약 시대에 하나님은 이스라엘 백성이 듣기를 원하셨고, 그들이 듣지 못하는 것을 안타까워하셨습니다.

> 모세가 온 이스라엘을 불러 그들에게 이르되 이스라엘아 오늘 내가 너희의 귀에 말하는 규례와 법도를 듣고 그것을 배우며 지켜 행하라 신 5:1

들어야 겨우 배우고 지킬 수 있는데 이스라엘 백성은 들으려고조차 하지 않았습니다(신 29:4). 하나님이 듣는 복을 거두어 가기도 하십니다(신 1:45).

우상의 특징이 무엇입니까? 우상은 금이나 은처럼 값비싼 재료로 만들어졌지만 입이 있어도 말하지 못하고, 눈이 있어도 볼수 없고, 귀가 있어도 듣지 못하고, 코가 있어도 냄새 맡지 못합니다(시 115:4-7). 우리가 많이 배우고 많이 가졌음에도 진정 보아야 할 것을 보지 못하고, 들어야 할 것을 듣지 못한다면 사람이 그 손으로 만든 우상과 다를 바 없습니다. 사람의 사람다움은 잘 들을 수 있다는 데 있는 것입니다.

더욱이 '지혜로운 것'은 다른 누구보다 잘 듣는 사람의 모습을 가리킵니다. 성경은 "생명의 경계를 듣는 귀는 지혜로운 자 가운데에 있느니라"(잠 15:31)라고 말합니다. 지혜로운 사람은 아무 소리나 듣지 않습니다. 들리는 소리만 듣지 않습니다. 들어야 할 소리를 골라서 듣습니다. 그는 귀를 막아 피 흘리려는 꾀를 듣지 아니하는 자입니다(사 33:15). 못된 유혹의 소리를 듣지 않아야 건강한 귀입니다.

하나님은 우리에게 듣고 보는 능력을 주셨습니다. 듣는 귀와 보는 눈은 다 여호와께서 지으신 것입니다(잠 20:12). 우리는 이 능력을 바르게 활용해야 합니다. 하나님의 말씀에 귀를 기울여야 합니다. 성경은 "사람이 귀를 돌려 율법을 듣지 아니하면 그의 기도도 가증하니라"(잠 28:9)고 합니다. 잘 들어야 바른 기도가 가능한 것입니다. 아울러 하나님은 듣지 않는 것은 반역과 같다고 말씀하셨습니다(겔 12:2).

그러나 교만한 자들은 들으려고 하지 않습니다(렘 17:23). 이스라엘이 멸망한 이유가 무엇일까요? 셀 수 없을 만큼 많은 기록이 알려 주듯이, 그들이 듣지 않았기 때문입니다(사 43:8; 렘 5:21, 6:10, 25:4, 44:5; 겔 3:10, 12:2). 잘 들었으면 그렇게 멸망당하지 않았을 것입니다.

그래서 본문의 스가랴 선지자는 바벨론 포로에서 돌아온 이스라엘에게 하나님 말씀에 귀 기울이라는 하나님의 메시지를 선포한 것입니다. 이어지는 말씀에서도 이 같은 선포는 계속됩니다.

> 그들이 듣기를 싫어하여 등을 돌리며 듣지 아니하려고 귀를 막으며
>
> 슥 7:11

스가랴 선지자는 조상들을 본받지 말라고 했습니다. 조상들은 귀가 있어도 듣지 않았습니다. 하나님의 말씀에 귀 기울이지 않았습니다. 그 결과 삶이 파괴되었고, 신앙 체계가 붕괴되었으며, 다 잃었습니다. 듣지 않은 결과입니다. "제발 말 들으십시오!"라고 안타깝게 외쳤지만 그들은 외면하고 귀를 막았습니다. 그 결과는 처참했습니다. 귀가 기능하지 않은 그들은 결국 다 잃고 말았습니다. 조상들처럼 듣지 않았기 때문입니다.

심지어 하나님이신 예수님이 직접 오셨지만 그들은 받아들이지 않았습니다. 예수님이 이 세상에서 사역하시는 동안 가장 답

답해하신 것은 예수님의 설교를 듣고도 듣지 못하는 자들 때문이었습니다. 복음을 들려주시는 예수님의 말씀을 들어야 할진대 그 예수님의 설교를 듣고도 감동조차 없는 자들 때문이었습니다. 그들은 오히려 예수님을 죽이려고 했습니다. 듣는 귀의 문제입니다. 예수님은 그래서 비유를 사용하셨습니다.

마태복음 13장에는 '씨 뿌리는 자의 비유'가 나옵니다. 씨 뿌리는 자가 밭에 씨를 뿌립니다. 그러나 씨가 떨어진 밭의 종류에 따라서 열매를 맺거나 맺지 못합니다. 모두 4가지 밭입니다. 마음 밭은 곧 영적 귀를 가리킵니다. 설교자의 문제가 아니라 듣는 나의 귀의 문제입니다. 떨어진 씨는 모두 같은 씨이고 씨 뿌리는 자도 동일합니다. 문제는 듣는 귀입니다.

건강한 귀가 잘 듣습니다. 잘 들으면 좋은 열매 맺기가 가능합니다. 들을 귀가 없으면 어떤 반응도 없습니다. 예수님이 설교하셨으나 듣지 못하고 은혜 받지 못하는 자들이 있었습니다. 어떤 이는 말씀을 듣고도 예수님을 죽이려고 했습니다. 마음에 찔리면 슬쩍 피했습니다.

간음하다가 현장에서 잡힌 여인을 끌고 온 자들은 자기들의 죄는 감추었습니다. 예수님이 "너희 중에 죄 없는 자가 먼저 돌로 치라"(요 8:7)고 그들을 찌르는 말씀을 하시자, 그들은 예수님의 말씀을 듣고 양심에 가책을 느껴 어른으로 시작하여 젊은이까지 모두 돌아갔습니다. 마음에 찔리면 회개를 해야 하는데 회피했습니다. 심리학적으로 방어 기제가 작동한 것입니다. 그래서 스피커를 깨 버렸습니다. 예수님을 죽이고 만 것입니다. 들어야 할 말씀에 귀를 기울이지 못하니 다 잃었습니다.

하늘의 소리를 들어야 합니다

그런데 우리가 들어야 할 것이 꼭 음성으로 들리는 하나님의 말씀만이 아닙니다. 누군가의 고통, 아픔, 통곡, 부르짖음, 도움을 청하는 소리에 귀를 기울이는 데까지 가야 합니다. 성경은 "귀를 막고 가난한 자가 부르짖는 소리를 듣지 아니하면 자기가 부르짖을 때에도 들을 자가 없으리라"(잠 21:13)고 말합니다. 이웃의 소리도 하나님의 음성으로 들어야 합니다. 하나님은 다양한 소리를 통해 하나님의 말씀을 들려주십니다.

들어야 하는 것이 비단 소리만은 아닙니다. 사건, 상황, 세상의 징조에서 하늘의 소리를 들을 수 있습니다. 인간에게 말씀하시는 하나님의 음성입니다. 우리는 여러 사건들을 통해 겸손하게 하나님을 바라보기 원하시는 주님의 음성을 듣습니다.

지금 우리를 둘러싼 환경을 보십시오. 우리가 예배하고 싶어도 예배드릴 수 없는 상황이 일어난다는 것을 깨우쳐 주시지 않습니까. 찬양을 많이 하고 싶어도 할 수 없는 이 현실은 하나님의 음성입니다. 이 음성을 들을 수 있어야 진정으로 열린 귀입니다.

젊은 이스라엘 역사학자 유발 하라리(Yuval Noah Harari)는《사피

엔스》(김영사, 2015)라는 베스트셀러를 쓴 작가입니다. '사피엔스'는 똑똑한 인간을 말합니다. 이후로 그는 《호모 데우스》(김영사, 2017)를 썼습니다. 전염병도, 전쟁도, 가난도 극복한 인간은 어느새 하나님의 자리를 도전합니다. 오늘날은 인공지능(AI)이 발달했고, 인지 능력이 어떻게 발전할지 모릅니다. 로봇이 온갖 서비스를 제공하는 세상입니다. 그렇다 보니 인간이 하나님처럼 온 세상을 지배하고 발전시키고 천국처럼 만들 것이라는 착각을 합니다.

하나님은 신의 자리에 오른 양 교만해진 인간들에게 그 한계를 깨닫게 하십니다. 우리는 겸손하게 하나님 앞에 다시 엎드려야 합니다. 하나님의 깨우치시는 소리를 들어야 합니다. 우리에게는 그런 영적 귀가 필요합니다.

또 이기적 욕망이 인간을 행복하게 하지 못한다는 사실을 깨달아야 합니다. 내 나라, 내 집, 내 회사만 잘되는 것으로 행복해지지 않습니다. 아무리 내 나라가 잘 살아도 이웃 나라와 더불어 살지 못하면 진짜 잘 사는 것이 아니고 불안해질 뿐입니다.

나만 잘 살고 내 나라만 안전하기란 불가능합니다. 온 세상이 불안한데 어떻게 내 나라만 평안할 수 있겠습니까. 우리는 이런 목소리를 들어야 합니다.

내 몸이 성전입니다

어떻게 들어야 합니까

마음으로 들어야 합니다

구약의 할례 의식이 요구한 진정한 의미는 말씀에 대한 태도를 바꾸라는 것입니다. 마음의 할례가 필요하다는 뜻입니다. 마음과 귀는 연결되어 있습니다. 그래서 하나님은 할례는 마음과 귀에 필요하다고 강조하셨습니다.

> 내가 누구에게 말하며 누구에게 경책하여 듣게 할꼬 보라 그 귀가 할례를 받지 못하였으므로 듣지 못하는도다 보라 여호와의 말씀을 그들이 자신들에게 욕으로 여기고 이를 즐겨 하지 아니하니 렘 6:10
>
> 목이 곧고 마음과 귀에 할례를 받지 못한 사람들아 너희도 너희 조상과 같이 항상 성령을 거스르는도다 행 7:51

그렇다면 성령이 하시는 일이 무엇일까요? 귀를 좋게 하시는 것입니다. 귀가 바르게 기능해 듣게 하십니다. 그것이 귀에 대한 영적 할례입니다. 최초의 성령 충만 장면을 보십시오(행 2:1-4). 성령 충만을 통해 귀가 열렸습니다. 그동안 듣지 못했던 신비한 소리가 들렸습니다. 성령은 우리의 귀를 열어 세상이 들을 수 없는 소리를 듣게 하십니다. 반면 사탄이 부리는 귀신은 우리로 하여금 기본적인 소리도 듣지 못하게 합니다(막 9:25). 우리는 들어야 합니다. 귀가 바르게 기능해야 합니다.

요한계시록 2-3장에는 소아시아 일곱 교회를 향해 주님이 주신 편지 형식의 말씀이 나옵니다. 그 편지의 마무리는 이러합니다.

> 귀 있는 자는 성령이 교회들에게 하시는 말씀을 들을지어다 계 2:7, 11, 17, 29, 3:6, 13, 22

하나님의 음성은 영적으로 귀가 열려야 들을 수 있습니다. 그러나 듣지 않은 자들은 결국 다 무너졌습니다. 귀가 아닌 마음으로 들어야 합니다. 그것이 영적 귀입니다. 베드로의 복음 설교를 듣고 마음이 찔린 자들은 회개했습니다. 그날 3,000명이 세례를 받았습니다(행 2:37-41). 그러나 성령 충만한 스데반이 전하는 복음의 말씀을 듣고 마음에 찔린 자들은 오히려 돌을 들어 스데반을 죽이고 말았습니다(행 7:54-60). 그들은 목이 곧고 마음과 귀에 할례를 받지 못한 사람들로서, 그들의 조상과 같이 항상 성령을 거슬렀습니다(행 7:51).

듣는 귀가 있어야 합니다. 예수님이 오시면서 귀를 열어 주셨습니다. 구약에서도 예언된 일입니다. 세례 요한이 예수님을 의심할 때 예수님은 이사야서의 말씀을 인용하여 귀를 열어 주셨습니다(마 11:5). 물리적 귀가 아닙니다. 주의 음성을 듣게 하셨습니다.

내 몸이 성전입니다

잘 들어야 합니다

우리는 귀를 바르게 관리해야 합니다. 나이가 들어도 건강한 귀를 유지해야 합니다. 그러나 보다 중요한 것은 영적 귀입니다. 주의 음성에 귀를 기울여야 합니다. 귀가 열려야 듣습니다. 성령 충만하면 귀가 열립니다. 성령 충만한 귀가 되어 세미한 주님의 음성도 들을 수 있어야 합니다. 성경을 읽다 보니 주님의 음성이 들립니다. 기도하다 보니 내 입이 조용해지고 주님의 음성을 듣는 귀가 열립니다.

아울러 우리는 골라서 들어야 합니다. 누구 말을 듣고 살아가야 할까요? 베드로와 요한은 "하나님 앞에서 너희의 말을 듣는 것이 하나님의 말씀을 듣는 것보다 옳은가 판단하라"(행 4:19)고 말했습니다. 세상에는 헛된 소리, 은혜롭지 못한 소리, 사탄의 유혹 등이 있습니다. 잘 걸러 내야 합니다. 유익이 되지 않는 소리에는 귀를 막아야 합니다. 그리고 들어야 할 말씀이라면 속히 들어야 합니다. 야고보의 권면을 따라 듣기는 속히 하고, 말하기는 더디 하며, 성내기도 더디 해야 합니다(약 1:19). 안타깝게도 오늘날은 속히 해야 할 일은 더디게 하고, 늦어도 될 일은 빠르게 하는 세상입니다.

내 귀는 얼마나 잘 들립니까? 과연 성령으로 할례 받은 귀입니까? 아니면 잘 듣지 못하는 귀입니까? 혹시 귀신이 듣지 못하게 함으로 아무런 깨달음도, 감동도 없는 삶을 살고 있는 것은 아닌지 살펴보아야 합니다.

난청 증세가 일어날 수도 있습니다. 그러면 잘 들을 수 있도록 치료를 하고 보청기를 쓰기도 합니다. 그러나 그보다 더 중요한 것은 영적 난청입니다. 영적으로 건강해서 난청을 극복하고 건강한 그리스도인의 삶을 영위해야 합니다.

잘 들어야 잘 말할 수 있습니다. 입이 아무리 정상적으로 기능해도 듣지 못하면 말을 잘 못합니다. 말은 듣고 배운 대로 하게 되어 있습니다. 억양, 어휘, 표현 방법 등은 '얼마나 많이 들었는지'로 결정됩니다. 귀에 넣어 주는 것은 내가 결정합니다. 수많은 소리 중에서 걸러 들으시기를 바랍니다. 필터링을 해야 합니다.

사실 듣고 싶은 소리만 듣고, 듣기 싫으면 듣지 않는 필터링이 더 많은 듯해 안타깝습니다. 칵테일파티처럼 많은 사람이 어우러져 끼리끼리 대화를 나누는 시끄러운 장소에서도 자기가 듣고 싶은 이야기는 잘 듣는 것을 '칵테일파티 효과'라고 합니다. 인지과학자 콜린 체리(Colin Cherry)가 1953년 이런 현상을 실험을 통해 입증했습니다.

우리의 일상에서도 '칵테일파티 효과'가 나타날 수 있습니다. 듣고 싶은 소리가 아닌, 들어야 할 소리를 듣는 귀가 필요합니다. 오히려 듣기 싫은 소리도 내게 필요한 말이라면 적극적으로 듣기 위해 노력해야 합니다. 좋은 소리는 골라 듣고, 찾아 듣고, 반복해서 듣는 행위가 나의 말과 행동 등 모든 삶을 결정합니다.

하나님의 귀를 닮아 갑시다

하나님의 귀를 생각해 봅시다. 하나님은 귀를 가지고 우리의 말과 소리를 잘 들으십니다. 하나님은 우리의 어떤 소리나 말도 들으시는 분입니다. 가인에 의해 죽은 아벨의 피 소리도 들으셨습니다. 이스라엘이 애굽에서 부르짖는 소리를 들으시고 모세를 보내셨습니다. 사사들의 부르짖음을 들으셨고, 사무엘의 어머니 한나의 속으로 하는 기도도 들으셨습니다.

그리고 우리에게 기도하면 듣겠다고 약속하셨고, 부르짖으라고 권면하셨습니다.

> 너희가 내게 부르짖으며 내게 와서 기도하면 내가 너희들의 기도를 들을 것이요 렘 29:12
>
> 너는 내게 부르짖으라 내가 네게 응답하겠고 네가 알지 못하는 크고 은밀한 일을 네게 보이리라 렘 33:3

시편의 기자는 "내가 내 음성으로 하나님께 부르짖으리니 내 음성으로 하나님께 부르짖으면 내게 귀를 기울이시리로다"(시 77:1)라고 고백했습니다. 하나님은 듣지 못하심이 없는 분이십니다. 우리는 듣지 못해도, 하나님은 우리의 음성과 신음까지도 들으십니다. 문제는 우리가 하나님의 음성을 듣지 않는다는 것입니다. 우리는 들을 능력이 모자라서 못 듣고, 듣고 싶지 않아서 안 듣습니다. 요즘은 여러 매체들로 인해 예배당에 나와 예배하기 어려워도 하나님의 음성을 들을 수 있는 길이 많이 열려 있어 참 다행입니다.

하나님의 음성을 반복적으로 들으면 매우 달라집니다. 생각도 달라지고, 행동도 달라지고, 결국 나의 인생, 인격, 운명이 바뀝니다. 이처럼 귀는 매우 소중합니다. 수준 높은 귀를 만들어 갑시다.

3. 눈

1 욥이 여호와께 대답하여 이르되

2 주께서는 못 하실 일이 없사오며 무슨 계획이든지 못 이루 실 것이 없는 줄 아오니

3 무지한 말로 이치를 가리는 자가 누구니이까 나는 깨닫지도 못한 일을 말하였고 스스로 알 수도 없고 헤아리기도 어려 운 일을 말하였나이다

4 내가 말하겠사오니 주는 들으시고 내가 주께 묻겠사오니 주 여 내게 알게 하옵소서

5 내가 주께 대하여 귀로 듣기만 하였사오나 이제는 눈으로 주를 뵈옵나이다 욥기 42:1-5

보는 것은 복입니다

　귀와 눈은 우리 몸에서 입력(input) 역할을 하는 매우 귀한 기관입니다. 우리 몸은 입력을 통해 정보가 쌓이고, 그에 따라 출력(output)이 결정됩니다. 즉 귀로 듣고 눈으로 봐야 입에서 나오거나 몸이 움직입니다. 그중에서도 눈은 많은 일을 해 냅니다. 단순하게는 보는 것에 불과하지만, 그 봄으로 인해 발견, 자각, 눈치, 변화 등 수많은 행위가 이어집니다. 보지 못하면 할 수 없는 일을 해 냅니다. 그리고 볼 수 없다면 일어날 수 없는 사건들이 발생합니다. 봄으로써 역사가 발전하고, 세상이 변하고, 한 인생도 바뀝니다. 사람을 보든, 사물을 보든, 사건을 보든 보는 것은 많은 변화를 일구어 냅니다.

　눈으로 보아 계절을 느끼기도 하는데, 이로써 단순히 봄, 여름, 가을, 겨울 등 사계절뿐 아니라 소위 시즌을 알게 됩니다. 그렇게 눈으로 본 아름다운 대상이나 이상하고 신기한 것들이 작품이 되기도 합니다. 미술가들의 화풍이 달라지는 이유는 보는 것과 그것을 담아내는 태도 때문입니다. 보이는 대로 그리거나 사실대로 그리기 등으로 미술사는 변화해 왔습니다.

　한 예로, 새로운 세상을 도래하게 했다고 할 수 있는 19세기 인상주의를 들 수 있습니다. '인상주의'라는 이름은 1874년 파리 전시회에 전시된 작품에 대한 비판에서 시작되었는데, 이후 19세기 후반을 대표하는 사조로 정의되고 있습니다. 인상주의 화가들은 빛의 변화에 따른 순간적인 형태 변화를 포착해 화폭에 담았습니다. 그들은 보이는 그대로를 표현하려고 애썼습니다.

인상주의는 프랑스 시골, 특히 프로방스 지방의 햇살 아래 수시로 변화하는 풍경을 현장에서 직접 화폭에 담으면서 생동감 및 친근감을 주었습니다. 인상주의 화가로 알려진 대표적 인물은 클로드 모네(Claude Monet), 에두아르 마네(Edouard Manet), 카미유 피사로(Camille Pissarro), 오귀스트 르누아르(Auguste Renoir), 에드가 드가(Edgar Degas), 폴 세잔(Paul Cezanne), 폴 고갱(Paul Gauguin), 빈센트 반 고흐(Vincent van Gogh) 등이 있습니다. 이 화풍은 고갱, 고흐, 세잔 등에서 탈인상주의로 이어지면서 현대 미술의 형성에 영향을 끼치기도 했습니다. 사실과 관계없이 눈에 보이는 대로 그려 내는 시도가 새로운 작풍을 만들어 낸 것입니다.

그리고 마침내 인상주의는 서양 미술사에서 대중에게 가장 많이 알려지고 애호되는 화풍이 되었습니다. 인상주의 작품이 대중에게 호감을 주게 된 까닭은 전통적인 주제와 기교에 얽매이지 않고 일상생활에서 그림의 동기와 대상을 찾았기 때문입니다.

눈은 중요합니다. 인상주의 화가들처럼 새로운 세상을 만들어 내기도 합니다. 그러나 눈이라고 다 같지는 않습니다. 누구는 보고, 누구는 보이는 줄도 모른 채 지나갑니다. 사람들은 각기 다른 눈을 가지고 삽니다.

본문은 욥의 고백을 담고 있습니다. 그는 귀로 듣던 하나님을 이제 눈으로 보게 되었다고 고백했습니다. 보이지 않는 하나님이 보이게 된 것입니다. 눈이 달라졌습니다. 욥은 고난을 겪은 후에 하나님에 대해 듣는 수준에서 보는 수준으로, 영적으로 깊어졌다고 고백한 것입니다.

예수님은 이 세상에 계시는 동안 볼 수 없는 자들의 눈을 열어 주셨습니다. 그것은 단순히 안과적 치료가 아니었습니다. 예수님은 나면서부터 보지 못하는 사람을 만나 그의 눈을 열어 주셨습니다. 그를 고치기 전에 예수님은 "내가 세상에 있는 동안에는 세상의 빛이로라"(요 9:5)라고 말씀하셨습니다. 단순하게 눈만 열어 주신 것이 아니라, 어두움에 사로잡힌 인간들, 게다가 나면서부터 영적으로 어두운 사람들에게 예수님이 친히 빛이 되어 주신다는 의미입니다.

그리고 예수님은 그의 눈에 진흙을 바르신 뒤 실로암 못에 가서 씻으라고 하셨습니다. 앞을 볼 수 없는 사람이 실로암 못까지 찾아가는 것은 쉬운 일이 아니었습니다. 그 자리에서 눈을 뜨게 하실 수 있는 예수님이 이처럼 어렵게 실로암 못까지 찾아가게 하신 이유가 있었습니다. 실로암 못을 찾듯 예수님을 찾아 나서라고, 보다 분명하게 보기 위해 노력해야 한다고 가르쳐 주신 것입니다.

그리고 그의 눈을 뜨게 하신 후 예수님은 "너희가 맹인이 되었더라면 죄가 없으려니와 본다고 하니 너희 죄가 그대로 있느니라"(요 9:41)고 말씀하셨습니다. 볼 수 없는 사람은 그렇다 치더라도 본다고 하면서 정작 보아야 할 것을 보지 못하는 자들에 대한 안타까움을 표현하신 것입니다. 더욱이 보면 알 만한 일들이 많았습니다. 그들은 예수님이 하신 일들, 가깝게는 눈을 뜨게 하신 사건을 보아야 했습니다. 단순히 눈을 치료하신 사건이 아니라, 예수님이 누구신지, 그분 자신을 보라는 의미입니다. 그러나 못 본 것이 아니라 보았고, 충분히 알고 믿을 만함에도 애써 부정하고 보지 않으려는 그들의 태도는 정죄받아 마땅했습니다.

눈이 열려야 하나님을 분명하게 알 수 있습니다. 보는 것은 복입니다. 그래서 예수님은 "이 백성들의 마음이 완악하여져서 그 귀는 듣기에 둔하고 눈은 감았으니 이는 눈으로 보고 귀로 듣고 마음으로 깨달아 돌이켜 내게 고침을 받을까 두려워함이라 하였느니라 그러나 너희 눈은 봄으로, 너희 귀는 들음으로 복이 있도다"(마 13:15-16)라고 말씀하셨습니다.

보이지 않는 것을 보아야 합니다

더 나아가 보는 것은 생각하고 느끼는 것을 포함합니다. 예를 들어, 다른 나라나 다른 지방을 여행하는 것을 '관광'(觀光)이라고 하는데, '빛을 본다'는 의미로 '볼 관'(觀) 자, '빛 광'(光) 자를 씁니다. 재미있는 표현입니다. 단체로 관광을 해도 사람마다 보는 것이 다릅니다. 관심사가 다르기 때문이기도 하고, 보는 대상에 대한 지식이나 정보에 차이가 있는 까닭이기도 합니다.

"아는 만큼 본다"는 말처럼 정보가 있어야 보입니다. 심지어 그림을 보고 책을 읽더라도 그림이 담고 있는 의미를 보지 못하거나 활자 그 이상의 의미를 발견하지 못할 수도 있습니다. 이를 위해 사람들은 시야를 넓혀 보는 훈련을 하기도 합니다. 반면 슬쩍 보는 것 같은데도 세밀히 보는 사람이 있습니다. 그만큼 보는 훈련이 잘되어 있기 때문입니다. '통찰력'이라고도 합니다. 꿰뚫어 보는 것입니다. 사물 그 이상을 봅니다. 그런 의미에서 관찰력, 통찰력, 해석력, 분석력 등이 눈이라고 할 수 있겠습니다.

사람을 보더라도 보이는 것 이상을 보는 사람이 있습니다. 하나님의 시각이 그렇습니다. 사무엘 선지자가 이스라엘의 왕을 선택하기 위해 베들레헴 이새의 집에 갔을 때 하나님이 하신 말씀을 기억해 보십시오. 이새의 아들들의 키와 외모만 보고 왕이 될 자격을 갖춘 듯 잘못 생각한 사무엘을 질책하신 말씀입니다.

> 그의 용모와 키를 보지 말라 내가 이미 그를 버렸노라 내가 보는 것은 사람과 같지 아니하니 사람은 외모를 보거니와 나 여호와는 중심을 보느니라 삼상 16:7

내 몸이 성전입니다

그렇게 해서 선택된 사람이 다윗이었습니다. 이새의 여덟 번째 아들, 즉 막내아들 다윗을 통해 하나님의 뜻이 이루어졌습니다(행 13:20-22).

제 이야기를 좀 하자면, 아내는 저보다 키가 8cm나 더 큽니다. 그럼에도 저를 꽤 큰 사람으로 본 모양입니다. 아마 속을 보았겠지요. 또 산정현교회에 부임할 때 저는 목사 안수를 받은 지 꼭 1년 된 새내기 목사였습니다. 그럼에도 성도님들이 이력이나 경력보다 저의 내면을 보았기에 저를 담임목사로 청빙해 주셨다고 생각합니다.

사람을 외모, 경력, 이력만으로 보아서는 결코 안 됩니다. 제대로 보아야 합니다. 보이지 않는 것을 볼 수 있는 눈이 필요합니다. 신앙생활이란 보는 것입니다. 보이지 않는 것을 보는 것이며, 그래서 바르게 믿는 것입니다.

역사적으로 지식이 눈을 뜨게 했습니다. 지동설로 인해 세상을 보는 눈이 달라졌습니다. 세계관이 변했습니다. 지식과 정보의 양이 우리의 눈을 뜨게 합니다. 결국 시각의 문제, 눈의 문제입니다. 우리나라에 복음이 들어왔지만, 복음만 들어온 것이 아닙니다. 문화가 달라졌고, 교육과 의료 등 모든 면이 새로워졌습니다. 눈이 뜨인 것입니다. 개화기, 근대화 등은 눈이 달라진 것을 의미합니다. 복음으로 하나님 나라가 보이고 주님을 보게 되었습니다.

성령은 우리의 눈을 더욱 활짝 열어 주십니다. 첫 성령 충만 사건 때 일어난 현상을 보십시오. 성령 충만을 통해 귀가 열린 후 눈도 열렸습니다. 눈이 열리니 전혀 보이지 않던 것이 보였습니다(행 2:3). 열린 눈은 성령 충만한 자들의 공통점입니다.

스데반은 사도행전에 기록된 공식적인 첫 순교자입니다. 스데반은 돌에 맞아 죽었습니다. 그러나 그는 순교 직전에 자신을 주님께 의탁하며 돌을 들어 치는 자들을 용서하고 편안히 주님 품에 안겼습니다. 돌에 맞아 고통이 극에 달했을 텐데 어떻게 평안히 잠자듯 죽을 수 있었을까요?

그는 성령 충만해 하늘이 열리고 거기 계신 주님을 확실하게 보았습니다. 죽으면 가게 될 하나님 나라에 계신 주님이 보였습니다. 그 주님이 너무 좋아서 감각적으로는 아픔을 느끼지 못하고, 감정적으로는 미움도 원한도 없었던 것입니다. 주님이 지켜 보시니 그분 안에서 평안해졌습니다(행 7:55-60). 볼 수 있는 것이 얼마나 놀라운 힘을 주는지 알 수 있습니다.

사도 바울은 예수님을 만난 후 눈은 떴으나 아무것도 볼 수 없었습니다. 겨우 다른 사람의 손에 이끌려 다메섹으로 들어가서 사흘 동안 보지도 못하고 먹지도, 마시지도 못했습니다. 칠흙같은 암흑의 시간 후 아나니아의 안수로 눈이 열렸고 세례를 받았습니다(행 9:17-18). 성령의 눈은 세상의 눈으로 볼 수 없는 것을 보게 합니다.

감추어진 것이 보이면 행복해집니다

    시력이 좋지 않으면 보지 못하는 것이 많습니다. 요즘은 안과 분야에서 의학이나 광학 기술이 매우 발달해 시력 교정을 통해 더 잘 볼 수 있게 되었습니다. 원래부터 인간의 눈은 제한되어 있습니다. 너무 멀어서 못 보고, 너무 작아서 못 보기도 합니다.

    짐승의 귀와 마찬가지로, 어떤 짐승의 눈은 사람보다 훨씬 좋습니다. 매의 눈은 잘 보기로 유명합니다. 매는 사람보다 4-8배나 멀리 볼 수 있다고 합니다. 인간의 5배가 넘는 시세포가 황반 부위에 집중적으로 분포되어 있기 때문입니다. 그런 이유로 '호크 아이'(Hawk's Eye, 매의 눈)라는 용어가 사회 곳곳에 쓰입니다. 잘 보는 사람이나 그런 능력을 탑재한 기술력의 결과들을 칭합니다. 미국 무인 정찰기의 이름은 '글로벌 호크'(Global Hawk)라고 합니다. '호크 아이'라는 이름의 컴퓨터 시스템도 있는데, 테니스, 크리켓, 미식축구 등의 경기에서 공의 위치와 궤도를 추적하고 통계적으로 분석하는 시스템입니다. 빠른 공을 보는 눈 역할을 합니다. 또한 사자의 시력은 인간 시력의 6배나 된다고 합니다. 그처럼 좋은 눈으로 보고 사냥을 하면서 먹고삽니다.

    사람은 매나 사자만큼도 못 봅니다. 그러나 잘 보고 싶다는 욕구로 인해 과학의 기술을 빌려 더 잘 볼 수 있게 되었습니다. 멀리 있는 것도 보고, 작은 것도 볼 수 있습니다. 눈에 보이지 않는 작은 바이러스라 할지라도 현미경을 이용하면 확실하게 보입니다. 천체 망원경을 이용하여 수천만 광년 떨어져 있는 별들을 보고 우주를 관측할 수도 있습니다. 이렇게 인류는 과학 기술 발달로 오랫동안 직접 볼 수 없었던 것을 보게 되었습니다.

지금 우리는 온라인 예배가 가능한 세상을 살고 있습니다. 각자의 처소에서 동시간에 예배를 드릴 수 있습니다. 모든 예배 순서를 눈으로 직접 선명하게 보면서 예배합니다. 훨씬 세밀하게 보기도 합니다.

그러나 과학 기술이 아무리 발달해도 보지 못하는 것은 여전합니다. 달의 뒷면 등 결코 볼 수 없을 것 같았던 대상을 보는 기술을 가졌지만, 바이러스가 움직이는 것은 보지 못했습니다. 또우리는 천국을 볼 수 없고, 주님이 이 세상에서 움직이시는 세밀한 손길은 볼 수 없습니다. 짐승 역시 아무리 눈이 좋아도 하나님을 볼 수 없고 하나님 나라를 느끼지도 못합니다. 볼 수 없는 한계는 동일합니다.

그래도 사람은 동물과는 달리 다른 것을 봅니다. 그것이 통찰력이고 분별력입니다. 여기에 더하여 그리스도인은 영적 눈이 있어 세상이 볼 수 없는 것을 봅니다. 그것은 오직 성령 충만해야 가능합니다. 성령이 눈을 열어 주셔야 보이기 시작합니다. 우리는 성령 충만하여 세상이 볼 수 없는 것을 보는 눈을 가져야 합니다. 눈이 열리고 통찰력을 키워야 합니다.

사도 바울은 명석한 두뇌와 뛰어난 학력을 가지고도 예수님을 보지 못했습니다. 그러나 예수님이 그의 눈을 열어 주심으로 보이기 시작했고, 하늘을 보고 천국을 본 사람이 되었습니다.

창세기에서 이삭과 야곱을 보면 재미있는 차이가 발견됩니다. 둘 다 나이가 많아지면서 눈이 어두워져 아무것도 볼 수 없게 되었습니다. 그러나 이삭과 야곱은 달랐습니다. 아버지 이삭은 눈이 어두워서 앞에 있는 아들에게 속고 말았습니다(창 27:1-40). 그러나 그보다 더 어두운 것은 영안이었습니다. 누가 하나님의 큰 복을 받을 아들인지 분별하지 못했습니다. 하나님이 태중에서부터 야곱을 선택하셨지만 영의 눈이 어두운 이삭은 그 사실을 깨닫지 못했습니다(창 25:23).

야곱 역시 나이가 많아 눈이 보이지 않게 되었습니다(창 48:10). 그러나 야곱은 아버지 이삭과 달리 앞에 있는 사람이 누구인지 분별이 가능했고, 무엇보다 누가 오른손의 복을 받을지, 왼손의 복을 받을지를 알았습니다(창 48:12-20). 그뿐 아닙니다. 창세기 49장에서는 열두 아들의 앞날을 선지자적 안목으로 예언했고, 그대로 되었습니다. 영안의 차이입니다. 영안이 열려야 합니다. 영안은 성령이 열어 주십니다.

엘리사 선지자는 아람 군대에 완전히 포위되었다는 사실을 알고 두려워하는 사환을 위해 기도한 적이 있습니다. 엘리사가 도단성에 있을 때 아람 왕이 엘리사를 잡아오도록 명령했고, 아람 군대가 밤사이에 그 성읍을 완전히 포위했습니다(왕하 6:14). 당시 엘리사의 사환은 아침에 일어나서 깜짝 놀라 엘리사에게 "아아, 내 주여 우리가 어찌하리이까"(왕하 6:15)라고 말했습니다.

그러자 엘리사는 "두려워하지 말라 우리와 함께한 자가 그들과 함께한 자보다 많으니라"(왕하 6:16) 하고 선포하면서 사환의 눈이 열리기를 기도했습니다. 그러자 사환에게 보이지 않던 광경이 보였습니다. 하나님이 그의 눈을 여시자 불 말과 불 병거가 산에 가득하여 엘리사를 두르고 있는 모습이 보였던 것입니다. 사환은 평안해졌습니다. 아람 군대만 볼 때는 불안했지만 하나님의 군대가 보이니 두려울 것이 없었습니다.

우리 역시 늘 기도하며 눈이 열리기를 노력해야 합니다. 말씀을 묵상하면서도 기도하면 말씀을 보는 눈이 열립니다(시 119:18). 감추어진 것이 보이기 시작합니다. 재미있습니다. 행복해집니다.

성령으로 영의 눈이 열려야 합니다

간혹 난독 증세를 보이는 사람들이 있습니다. 난독은 글을 읽어도 무슨 뜻인지 모르고 깊은 곳에 숨은 의미를 찾아내지 못하는 증상입니다. 눈이 열리면 우리의 몸이 바른 삶의 열매를 맺을 수 있지만, 눈이 어두우면 온몸이 어둡게 됩니다.

예수님은 "눈은 몸의 등불이니 그러므로 네 눈이 성하면 온몸이 밝을 것이요 눈이 나쁘면 온몸이 어두울 것이니 그러므로 네게 있는 빛이 어두우면 그 어둠이 얼마나 더하겠느냐"(마 6:22-23)라고 말씀하셨습니다. 여기서 '빛'은 착한 행실입니다.

물론 눈을 뜨지 못했을 때는 보지 못하던 것을 눈을 뜬 후 보며 불행해지는 경우도 간혹 있습니다. 그러나 우리가 말하는 것은 단순히 시력의 문제가 아닙니다. 우리는 성령 충만해서 세상이 보지 못하는 것을 볼 수 있어야 합니다. 세상이 좌절할 때 우리는 희망을 갖고 세상이 즐거워할 때 우리는 가슴을 치기도 하는 것입니다. 영안, 즉 영적 눈이 열려야 합니다. 우리의 눈은 세상 너머를 볼 수 있어야 합니다.

본문은 욥기의 마지막 부분입니다. 욥의 고백이 무엇입니까? 전과 다른 하나님 인식입니다. 귀로 듣기만 하던 하나님이 이제는 눈으로 보듯 분명해졌습니다(욥 42:5).

욥은 자신이 하나님을 가장 잘 알고 잘 믿는다고 생각했습니다. 그러나 고난을 겪으면서 하나님을 보다 분명히 알게 되었습니다. 참 힘든 과정을 거쳤습니다. 그러나 그 결과 눈이 열렸습니다. 눈으로 보듯 하나님을 알게 되었습니다.

1901년, 무선으로 음성을 전달하는 기술이 개발되었고 1906년 12월 24일, 미국인 레지널드 페센덴(Reginald Fessenden)에 의해 처음 라디오 방송이 시작되며 인류에게 듣는 시대가 열렸습니다.

이는 1920년부터 급속도로 발전했고, 1929년 영국의 비비씨(BBC)
가 방송을 시작한 후 볼 수 있는 비디오 시대로 넘어가게 되었습
니다. 듣기만 하다가 보기 시작한 것입니다.

과거에는 드라마도, 스포츠 중계도 듣기만 했습니다. 다른 일
을 하면서도 청취가 가능했습니다. 그러나 비디오 시대로 넘어오
면서 눈으로 모든 상황을 지켜보게 되었습니다. 청각에서 시각으
로 많은 정보가 넘어오다 보니 잠시 시선을 다른 곳으로 돌리면
내용을 이해하기가 어려워졌습니다.

신앙도 이와 같습니다. 눈으로 보는 것은 하나님께만 집중하
게 합니다. 이는 영적으로도 큰 발전입니다. 하나님 외에 다른 곳
에 눈 돌릴 새가 없기 때문입니다. 듣기만 하다가 보게 되어 하나
님을 분명히 알게 된 욥처럼 우리의 귀와 눈을 열어 하나님을 분
명히 알도록 구해야 합니다.

하나님의 눈을 의식하며 삽시다

우리가 꼭 기억해야 하는 것은 하나님의 눈입니다. 우리는 하
나님의 눈을 의식하며 살아가야 합니다. 하나님은 멀리서도 우
리를 보십니다. 우리 중 누구도 하나님의 눈을 피해 숨을 수 없습
니다.

내 몸이 성전입니다

여호와여 주께서 나를 살펴보셨으므로 나를 아시나이다 주께서 내가 앉고 일어섬을 아시고 멀리서도 나의 생각을 밝히 아시오며 나의 모든 길과 내가 눕는 것을 살펴보셨으므로 나의 모든 행위를 익히 아시오니 여호와여 내 혀의 말을 알지 못하시는 것이 하나도 없으시니이다 시 139:1-4

오늘날 우리는 모든 것을 보는 세상에 살고 있습니다. 이러한 때에 우리를 바라보시는 하나님의 눈을 의식하며 살아갑시다. 그 의식이 두려움인지, 안심인지는 사람마다 다를 것입니다. 우리를 보시는 주님으로 인해 안심할 수 있는 삶이 우리에게는 필요합니다. 우리의 눈이 바로 본다면 하나님의 시선이 안심이 될 것입니다. 하나님의 눈은 우리를 놓치지 않고 지키고 보호해 줍니다.

나를 보시는 주님이 계십니다. 곳곳에서 나를 지켜보는 눈이 많아진 세상이지만, 무엇보다도 언제든지, 어디서든지 감찰하시는 하나님의 눈이 있기에 우리는 평안할 수 있습니다. 그리고 조심하게 됩니다.

하나님의 눈앞에서 살아갑시다. 여호와의 눈은 온 땅을 두루 감찰하사 전심으로 자기에게 향하는 자들을 위하여 능력을 베푸시며(대하 16:9), 여호와의 눈은 의인을 향하시고 그의 귀는 그들의 부르짖음에 기울이십니다(시 34:15). 한편 여호와의 눈은 어디서든지 악인과 선인을 감찰하시기에 우리는 조심해야 합니다(잠 15:3). 우리의 눈이 선악을 분별하는 눈, 의의 편을 지지하는 눈이 되기를 바랍니다. 아울러 약한 자, 어려움을 겪는 자를 향한 따뜻한 눈빛을 가지고 살아갑시다.

좋은 눈으로 살아갑시다. 밝은 눈을 가지고 삽시다. 보아야 할 것은 못 본 채, 보지 않아도 될 것만 보는 것은 아닙니까? 영적으로 깊어집시다. 제대로 보고 삽시다. 기도를 지속하십시오. 말씀을 늘 읽고 묵상하십시오. 영적으로 깊어지면 우리의 눈은 확실하게 열립니다. 그 열린 눈으로 세상이 보지 못하는 것을 보는 그리스도인으로 삽시다. 나이 들고 눈이 흐려져도, 하늘이 열려 그동안 보지 못하던 것을 볼 수 있게 되기를 축복합니다.

4. 입

1 오순절 날이 이미 이르매 그들이 다 같이 한곳에 모였더니
2 홀연히 하늘로부터 급하고 강한 바람 같은 소리가 있어 그
  들이 앉은 온 집에 가득하며
3 마치 불의 혀처럼 갈라지는 것들이 그들에게 보여 각 사람
  위에 하나씩 임하여 있더니
4 그들이 다 성령의 충만함을 받고 성령이 말하게 하심을 따
  라 다른 언어들로 말하기를 시작하니라 사도행전 2:1-4

잘 말하기, 참 어렵습니다

귀와 눈은 우리 몸에서 입력 기능을 합니다. 입력된 것이 출력을 결정합니다. 듣고 본 것은 입으로 표현됩니다. 말하는 것입니다. 입은 말하는 기능을 하는데, 우리의 몸에서 자기 의사와 가치관을 표현하기에 가장 적절한 기관입니다. 말은 매우 중요합니다. 말에는 나의 의식, 그리고 마음속 생각이 함께 담겨 나오기 마련입니다. 대화를 해 보면 그 사람의 삶이 나옵니다.

예수님은 산상설교에서 언어의 중요성을 강조하셨습니다. 믿을 만한 언어생활이 필요하며, 모호하게 말하지 말라고 하셨습니다. "예"와 "아니오"를 분명히 하라고 말씀하신 것입니다. 그렇지 않으면 욕심이 담겨 있기에 악한 것임을 지적하셨습니다. 온전한 말은 매우 중요합니다.

말은 입으로 합니다. 우리의 입은 귀와 눈처럼 하나님이 지으셨습니다(출 4:11). 말할 수 있는 것은 복이요, 하나님이 주신 은혜입니다. 하나님이 주신 모든 것에 목적이 있듯이, 입도 목적을 담아 우리에게 주셨습니다. 입으로 창조적이고 건강한 언어를 만들어 내라는 의도가 담겨 있습니다.

그럼에도 인간이 죄를 짓고 타락하고 나니 많은 죄가 입에서 나오게 되었습니다. 죄를 지은 결과, 말부터 달라졌습니다. 에덴동산에서 죄를 짓고 하나님의 추궁을 당할 때 아담이 한 말을 떠올려 보십시오. 그렇게 사랑스럽게 여겼던 여인을 주신 하나님을 원망하듯 말하지 않았습니까. 계속 책임을 떠넘기는 말로 인간의 죄성을 드러냈습니다.

하나님이 우리에게 귀한 입을 주시고 의사 소통의 수단으로 말을 주셨는데, 그 귀한 말로 짓는 죄가 얼마나 많은지요. 예수님도 입으로 들어가는 것이 사람을 더럽게 하는 것이 아니라, 입에서 나오는 말이 사람을 더럽게 하는 것이라고 지적하셨습니다(마 15:11, 18). 죄성을 지닌 인간의 입은 하나님이 지으셨음에도 이처럼 거룩한 도구가 아닌, 더럽고 불량한 말을 생산해 내는 플랫폼이 되고 말았습니다.

출애굽 당시 이스라엘 백성의 모습에서도 이를 볼 수 있습니다. 구원받은 하나님의 백성이었지만 그들의 입도 다르지 않았습니다. 상징적이긴 하지만, 당시 그들의 죄악 중 가장 많은 경우는 말로 인한 것이었습니다. 이스라엘 백성은 하나님 앞에 악한 말, 원망하는 말을 쏟아 냈습니다. 원망, 불평, 불신앙의 말! 이러한 말들이 이스라엘에게 화를 가져왔습니다(민 11:1-2, 21:7; 출 16:8-9).

출애굽 후 40년이나 광야에서 지체해야 했던 이유도 불신앙의 말 때문이었습니다. 민수기 13-14장에서 이스라엘 백성은 가나안 땅을 악평하는 정탐꾼들의 보고를 듣고는 함께 원망과 불평을 했습니다. 소리 높여 부르짖으며 밤새도록 통곡했습니다. 그들은 모세와 아론을 원망하며 "우리가 애굽 땅에서 죽었거나 이 광야에서 죽었으면 좋았을 것을 어찌하여 여호와가 우리를 그 땅으로 인도하여 칼에 쓰러지게 하려 하는가 우리 처자가 사로잡히리니 애굽으로 돌아가는 것이 낫지 아니하랴…우리가 한 지휘관을 세우고 애굽으로 돌아가자"(민 14:2-4)고 말했습니다. 결국 그들은 자신들이 입으로 말한 것과 같이 모두 죽을 때까지 40년을 광야에서 지체하게 되었습니다(민 14:28, 32-33).

한편 약속의 땅 가나안에 들어갈 수 있다고 입으로 신앙을 고백하고 믿음을 선포한 여호수아와 갈렙은 그 입의 고백대로 결국 가나안에 들어갔습니다.

우리는 하나님의 귀에 들려도 좋을 말을 하면서 살아야 합니다. 그때 그 말에 힘이 생깁니다. 힘이 없고 손에 쥔 것이 없어도 말은 믿음의 힘을 느끼게 해야 합니다. 말속에 희망이 담겨야 합니다. 하나님에 대한 믿음이 가슴에 있으면 입이 그 믿음을 말로 표현하는 것입니다. 그러나 불신앙의 말이나 무익한 말은 반드시 스스로 책임져야 하는 날이 옵니다.

하나님이 내 말을 듣지 않으실 것이라고 생각해서는 안 됩니다. 그것은 하나님이 내 기도도 듣지 않으시고, 내 찬송과 모든 신앙의 행위도 하나님과 상관없다고 믿는 것과 다르지 않습니다. 주님은 분명히 모든 것을 보고 듣고 알고 계십니다. 그렇기에 우리는 우리의 입으로 한 말에 책임을 져야 합니다. 예수님도 "사람이 무슨 무익한 말을 하든지 심판 날에 이에 대하여 심문을 받으리니 네 말로 의롭다 함을 받고 네 말로 정죄함을 받으리라"(마 12:36-37)고 말씀하셨습니다.

그리스도인은 하나님이 주시는 건강한 말을 생산해야 하는데, 그렇지 못한 경우가 많습니다. 내 말로 인해 하나님 앞에서 판단받는 날이 옵니다. 그러므로 우리는 입이 달라져야 합니다. 말을 생산하는 플랫폼이 변해야 합니다. 그러기 위해서는 하나님이 내 입에 주시는 말을 해야 합니다.

야고보 사도는 말과 혀를 말하면서 "이것으로 우리가 주 아버지를 찬송하고 또 이것으로 하나님의 형상대로 지음을 받은 사람을 저주하나니 한 입에서 찬송과 저주가 나오는도다 내 형제들아 이것이 마땅하지 아니하니라"(약 3:9-10)고 했습니다. 구원받은 우리는 말을 바르게 해야 하는데 그러지 못한다며 안타까워한 것입니다. 우리 입의 이중성을 지적한 말입니다. 그래서 말을 잘하면 온전한 사람이 된다고 했습니다(약 3:2).

좋은 말을 하는 따뜻한 입을 갖고 싶다면

성령 충만해 성령이 원하시는 말을 해야 합니다

그러면 어떻게 해야 우리의 입이 달라져서 온전한 말을 할 수 있을까요? 그전에, 그 일이 가능하기나 할까요? 가능합니다. 그러나 인간의 힘만으로는 어렵습니다. 영적 힘이 필요합니다. 그것을 성령 충만이라고 합니다. 성령 충만하면 입이 달라져 말이 변합니다.

앞서 두 번에 걸쳐 인용한 최초의 성령 충만 사건을 다시 봅시다. 성령으로 충만해지자 사람들의 귀가 열렸고, 눈이 열렸습니다. 이어서 입이 달라졌습니다. 그들은 자기가 하고 싶은 말을 하지 않았습니다. 성령 충만해진 그들은 성령이 말하게 하심을 따라 다른 언어들로 말하기를 시작했습니다(행 2:4). 자신이 하고 싶은 말이 아니라, 성령이 원하시는 말을 했습니다. 그것은 '세상과 다른 언어들'이었습니다.

또한 사도 바울은 성령으로 충만한 새사람을 입은 자의 변화된 삶을 말하면서 말을 가장 중요하게 강조했습니다.

> 그런즉 거짓을 버리고 각각 그 이웃과 더불어 참된 것을 말하라 이는 우리가 서로 지체가 됨이라 분을 내어도 죄를 짓지 말며 해가 지도록 분을 품지 말고 마귀에게 틈을 주지 말라…무릇 더러운 말은 너희 입 밖에도 내지 말고 오직 덕을 세우는 데 소용되는 대로 선한 말을 하여 듣는 자들에게 은혜를 끼치게 하라 엡 4:25-29

새사람, 즉 성령 충만한 사람이 새로운 삶을 사는 데 가장 중요한 것이 말의 변화입니다. 먼저, 거짓말을 하지 않는 것입니다. 거

내 몸이 성전입니다

짓말은 사탄의 전유물입니다. 사탄은 거짓말쟁이요 거짓의 아비이기 때문입니다(요 8:44). 그리고 하나님이 못 하시는 유일한 것이 바로 거짓말입니다(민 23:19). 거짓말은 예수님을 죽인 자들이 사용한 도구이기도 합니다. 거짓 증인들의 거짓 고소가 있었습니다. 십계명에서도 금지하는 것 중 하나가 거짓말입니다. 이처럼 말의 진실성은 성령 충만을 받은 새사람의 매우 중요한 특징입니다.

그러나 우리는 여기에서 그쳐서는 안 됩니다. 거짓말을 하지 않는 것으로 다 된 것이 아닙니다. 더 나아가 덕을 세우는 데 소용되는 대로 선한 말을 하여 듣는 자들에게 은혜를 끼치게 해야 합니다. 거짓은 아니지만 덕이 되지 않고 듣는 자들에게 은혜롭지 못한 말도 있습니다. 그러므로 진실한 말보다 더 귀한 말이 덕을 세우는 말, 은혜를 끼치는 데 소용되는 말입니다.

성령 충만해 좋은 것을 보고, 좋은 말을 듣는 데 집중하면 좋은 말을 하는 건강한 입으로 변화됩니다. 입력된 대로 출력이 됩니다. 그러므로 앞서 살핀, 우리 몸에서 입력 기능을 하는 눈과 귀는 중요합니다. 성령 충만하여 세상이 볼 수 없는 것을 보고, 세상에서 들을 수 없는 것을 들으면서 살면 말이 달라집니다. 입이 변화되어 성령이 말하게 하시는 대로 덕을 세우는 말을 하면서 우리가 사는 세상을 천국처럼 만들 수 있습니다.

말은 사람을 살리기도 하고, 죽이기도 합니다. 우리의 말은 누군가를 살리는 말이어야 합니다. 배우자나 자녀에게 힘이 되는 말은 학력이나 습관에서 나오지 않습니다. 성령 충만할 때 가능합니다. 저는 목사로 살아가지만 격려의 말씀을 해 주시는 성도님들로 인해 힘이 납니다. 전화로, 문자 메시지로 위로해 주시는 말씀이 큰 용기를 줍니다.

우리는 천국을 향하는 자들입니다. 그런데 이 땅을 떠나 최종 목적지인 천국에 가면 할 일이 무엇일까요? 오직 찬송입니다.

> 내가 하늘에서 나는 소리를 들으니 많은 물 소리와도 같고 큰 우렛소리와도 같은데 내가 들은 소리는 거문고 타는 자들이 그 거문고를 타는 것 같더라 그들이 보좌 앞과 네 생물과 장로들 앞에서 새 노래를 부르니 땅에서 속량함을 받은 십사만 사천밖에는 능히 이 노래를 배울 자가 없더라 이 사람들은 여자와 더불어 더럽히지 아니하고 순결한 자라 어린양이 어디로 인도하든지 따라가는 자며 사람 가운데에서 속량함을 받아 처음 익은 열매로 하나님과 어린양에게 속한 자들이니 그 입에 거짓말이 없고 흠이 없는 자들이더라 계 14:2-5

천국에서의 찬송은 구원받은 자들만이 할 수 있습니다. 그들은 땅에서 그리스도로 말미암아 속량함을 받은 자들입니다. 그들은 순결한 삶이 뒤따르는 자들입니다. 구원의 증거가 삶입니다. 우리는 삶으로 구원받지는 않지만 구원받았다면 삶이 뒤따라야 합니다. 그 삶에서 온전함이 바로 입입니다. 무엇보다 입이 깨끗

내 몸이 성전입니다

해지는 것입니다. 앞서 인용한 야고보서의 말씀대로, 우리는 입으로 온전해집니다. 입이 깨끗함을 유지하는 자, 입에 거짓말을 담지 않아 입술에 흠이 없는 자만이 찬송할 수 있습니다. 그러기 위해서는 성령 충만해야 합니다.

성령은 우리의 언어와 깊은 관련이 있습니다. 예수님은 성령을 통해 적절하고도 필요한 말을 하도록 우리에게 힘을 주십니다. 예수님은 "사람들이 너희를 끌어다가 넘겨 줄 때에 무슨 말을 할까 미리 염려하지 말고 무엇이든지 그때에 너희에게 주시는 그 말을 하라 말하는 이는 너희가 아니요 성령이시니라"(막 13:11)고 말씀하셨습니다. 성령이 말하게 하심을 따라 말하면 지혜로운 말을 하게 되고 누구도 당할 자가 없습니다. 스데반이 지혜와 성령으로 말할 때 사람들이 능히 당하지 못했습니다(행 6:10). 성령이 꼭 필요하고도 능력 있는 말을 우리에게 주십니다.

못된 말, 옳지 못한 말을 치료해야 합니다

우리의 입은 건강해야 합니다. 그러기 위해 성령 충만해야 하고, 또 하나 우리의 입이 치료되어야 합니다. 예수님의 치유 사역 중 하나는 말 못하는 자, 말 더듬는 자를 온전하게 고쳐 주신 것입니다. 우리는 옳지 못한 말을 하거나 못된 말을 하는 것에서 치유되어야 합니다.

앞 장에서 귀에 대해 나누면서 언급했듯이, 귀신의 역할은 들지 못하고 말 못하게 하는 것입니다. 예수님은 더러운 귀신을 꾸짖으시며 "말 못하고 못 듣는 귀신아 내가 네게 명하노니 그 아이에게서 나오고 다시 들어가지 말라"(막 9:25)고 말씀하심으로 귀신 들린 아이를 고치셨습니다. 귀신은 우리로 하여금 말을 못하게 합니다. 단순히 말을 못하는 것이 아닙니다. 오늘날 귀신은 '좋은 말'을 못하게 합니다. 유창한 말은 있지만 그 속에 사랑도 없고, 격려도 없고, 복음은 더더욱 없습니다. 영적으로 건강한 말을 못하게 만드는 것입니다.

구약 시대에도 하나님이 원하시는 말을 못하는 선지자들이 있었습니다. 이사야 선지자는 그들을 매우 심각하게 질책했습니다. 짖지 못하는 개로 비유하기도 했습니다(사 56:10). 알아듣지 못하는 요란한 방언보다 더 귀한 말은 누구라도 듣고 이해할 수 있을 뿐 아니라 힘이 나는 따뜻한 위로의 말입니다.

우리의 입이 귀하게 변해야 합니다. 최고의 언어는 성령이 말하게 하시는 대로 하는 것입니다. 그중 하나가 사랑의 언어입니다. 사랑의 언어는 소통할 수 있게 합니다. 그래서 창세기 11장의 바벨탑 사건에서 혼란을 맞은 언어가 사도행전 성령 강림 사건 때 통일을 맞게 되었습니다. 이는 매우 중요한 의미를 가지고 있습니다. 그래서 이 세상에는 공통 언어로서 사랑의 몸짓, 감정의 통일 등이 있습니다.

찬송도 그렇습니다. 소통할 수 있는 성령의 언어가 찬송입니

내 몸이 성전입니다

다. 성령 충만해야 통합니다. 성령 충만해 내 속에 좋은 것을 많이 쌓고, 때를 따라 그 좋은 것을 우리의 입에서 말로 생산해 내야 합니다. 말을 잘하는 것보다 좋은 말을 하는 것이 중요합니다. 성령 충만하면 성령이 말하게 하시는 대로 말하는 입이 됩니다. 입을 건강하게 관리합시다.

말하기 훈련을 꾸준히 해야 합니다

우리의 몸을 살피면서 계속 짐승과 비교했습니다. 귀와 눈은 짐승들이 더 뛰어난 경우가 많지만, 입은 다릅니다. 사람의 언어는 짐승들과 비교할 수 없을 정도로 뛰어납니다. 잘 못 듣고 잘 못 보아도 말로 세상을 움직이고, 말로 사람다움을 드러낼 수 있습니다. 그런데 말의 가치는 우리 속에 담긴 것에 의해 결정됩니다. 그러므로 우리는 속에 좋은 것을 담기 위해 노력해야 할 뿐 아니라 훈련이 필요합니다.

어르신들의 말은 어휘력, 지적 수준 등은 좀 부족해도 따뜻하게 느껴집니다. 뛰어난 수사가 아니더라도 가슴이 포근해집니다. 우리는 그 말을 배우려고 노력해야 합니다. 뛰어난 지식에 따뜻함이 병행되면 최고의 말을 생산해 낼 수 있습니다. 그래서 성령 충만이 필요합니다.

그러나 성령 충만해도 말은 훈련이 필요합니다. 말하기 훈련입니다. 말도 습관이 됩니다. 자주 쓰는 단어가 있고, 말을 시작하려면 특정한 말을 꼭 앞에 붙이는 버릇을 가진 사람도 있습니다. 좋은 습관을 만들어 좋은 말을 하도록 해야 합니다. 습관은 반복하면서 만들어집니다.

세계적인 테너 루치아노 파바로티(Luciano Pavarotti)는 대중음악과 크로스오버를 시도하면서 새로운 무대를 만들어 낸 성악가입니다. 그는 향년 71세에 췌장암으로 안타깝게 타계했지만, 그의 음악이 담긴 인생 스토리는 "파바로티"라는 다큐 영화에 남겨져 있습니다. 흔히 파바로티를 선천적 재능의 소유자로 생각하지만, 그는 '연습과 훈련'을 강조합니다. 피나는 연습이 그처럼 높은 음의 소리를 가능하게 한다는 것입니다. 성공한 사람들이 하는 의례적인 말이라고 생각할지 모르지만, 그것은 사실입니다.

목소리는 연습으로 좋아집니다. 그러나 목소리는 단순한 소리가 아닙니다. 그 소리에 의미와 가치를 담는 것이 말입니다. 좋은 말, 좋은 목소리를 갖기 위해서는 연습과 훈련이 필요합니다. 성령 충만은 우리가 좋은 말을 하고 싶어 하고, 그래서 연습하고 노력하고 훈련하게 하는 자극입니다. 성령 충만하고도 늘 변하지 않는 옛 모습이 있다면, 그 이유는 노력하지 않기 때문입니다. 말은 습관이고, 연습해야 합니다. 연습과 훈련으로 높은 음의 소리를 자연스럽게 내듯, 연습을 통해 수준 높은 언어를 자연스럽게 구사할 수 있습니다. 결국 훈련이고 연습입니다.

이를 위해서는 앞서 언급한 대로 좋은 말을 잘 듣고, 좋은 모

내 몸이 성전입니다

습을 잘 보아야 합니다. 우리의 입에서 나오는 말이나 화젯거리가 건강해야 합니다. 그것은 우리의 관심이 달라지면 가능한 일입니다. 관심이 가는 일에 더 많은 시간을 투자하고, 보며 듣게 되기 마련입니다. 그래서 그 대상이 내 것이 되어 어느새 내 입으로 표현되는 것입니다. 입의 건강은 곧 말의 완성입니다. 이것이 바로 듣고 보는 것이 중요한 이유입니다.

부부 사이나 자녀와 부모 사이에 이루어지는 대화는 당연히 건전하고 아름다울까요? 그리스도인 사이에서 이루어지는 대화라고 늘 좋고 은혜로울까요? 꼭 그렇지만은 않습니다. 그것도 연습과 훈련이 필요합니다. 성령 충만하더라도 훈련해야 합니다. 성령 충만은 방향을 잡아 줍니다. 성령 충만하면 무엇이 이상적인지를 알게 됩니다.

알면서 못하면 더욱 힘들고 죄책감에 사로잡힙니다. 그래서 성령이 내 안에서 나를 자극하십니다. 결국 성령이 원하시는 방향을 따라가기 위해 애쓰는 것이 연습이고 훈련입니다. 노력이 필요합니다. 말도 습관입니다. 언어 훈련을 통해 건강한 입을 만들어 갑시다.

하나님의 입을 대신해서 말합시다

하나님은 선지자들에게 그 입에 해야 할 말을 주셨습니다. 하나님이 예레미야 선지자를 부르시고 일하게 하실 때 그는 자신은 아이라 말할 줄을 알지 못한다며 주저했습니다. 그러자 하나님은 "너는 아이라 말하지 말고 내가 너를 누구에게 보내든지 너는 가며 내가 네게 무엇을 명령하든지 너는 말할지니라"(렘 1:7)고 말씀하셨습니다. 즉 그의 입에 말을 줄 것이라고, 그러니 걱정하지 말고 말하라고 하신 것입니다. 선지자는 하나님의 뜻을 따라 말했습니다. 그 말로 사람을 바꾸고 세상을 변화시켰습니다.

사도 바울은 담대하게 말할 수 있게 되는 것이 기도 제목이었고, 그렇게 되기를 기도해 달라고 부탁했습니다(엡 6:19). 바울은 자신이 말에 자신 없는 사람이라는 것도 간접적으로 표현한 바 있습니다(고후 11:6). 바울은 알고 있는 만큼 표현하는 말재주는 뛰어나지 못한 사람이었던 것 같습니다. 물론 겸손의 표현일 수도 있지만, 문자적으로는 그렇습니다. 그러나 그가 말하면 능력이 나타났습니다. 하나님이 주신 말의 능력이며, 그의 진실함과 열정이 만들어 낸 결과였을 것입니다.

예수님도 이 세상에 계시는 동안 입을 열어 가르치는 사역을 주로 행하셨습니다. 마태복음에는 "입을 열어 가르쳐 이르시되"(마 5:2)라는 말씀으로 시작해 예수님이 길게 설교하신 말씀이

내 몸이 성전입니다

특별히 많이 나옵니다. 그리고 예수님의 입에서 선포된 말씀은 매우 힘이 있었습니다.

> 예수께서 이 말씀을 마치시매 무리들이 그의 가르치심에 놀라니 이는 그 가르치시는 것이 권위 있는 자와 같고 그들의 서기관들과 같지 아니함일러라 마 7:28-29

그 말씀을 들은 사람들은 모두 놀랐습니다. 예수님의 말씀은 많은 사람을 놀라게 했습니다.

우리도 하나님이 세상에 선포하기를 원하시는 그 말씀을 전합시다. 가장 귀한 말을 합시다. 그것은 복음입니다. 예수님을 전하는 것입니다.

이제 하나님의 입, 그분의 말씀을 살펴보겠습니다. 하나님의 입에서 나오는 말씀은 놀랍습니다. 천지 창조의 핵심이 말씀입니다. 하나님이 말씀하시면 그대로 되었습니다. 내가 말씀대로 순종하느냐, 그렇지 않느냐가 문제이지, 하나님의 말씀의 능력은 변함없습니다. 또 말씀이신 예수님이 이 세상에 오셨습니다. 그분의 말씀 앞에서 병든 자가 일어서고, 보지 못하는 자가 눈을 뜨고, 죽은 자도 살아납니다. 예수님은 말씀의 능력을 보여 주십니다. 주님은 말씀하시면 반드시 지키시는 분입니다.

우리는 하나님의 말씀을 닮아 가야 합니다. 그분의 입을 대신

해야 합니다. 그분이 주신 말씀을 우리의 입으로 드러내야 합니다. 물론 우리가 말해도 천지를 창조하듯 없던 것이 생기거나 만들어지지는 않습니다. 그러나 우리의 말에 힘이 있으려면 자신이 말한 대로 살아가려고 애써야 합니다. 약속을 지켜야 합니다. 자신이 한 말에 책임을 지는 태도를 보여 주어야 합니다. 신뢰받는 언어생활을 해야 한다는 의미입니다. 그리고 내가 말하면 누군가가 살아나거나 병든 자가 일어서지는 않아도, 죽을 정도로 힘든 사람이 힘을 얻고 위로를 받을 수는 있습니다. 그때 내 입과 말이 비로소 하나님을 닮은 것입니다.

우리의 말이 누군가에게 상처와 아픔을 주지 않기를 바랍니다. 오히려 우리는 격려와 칭찬, 희망을 주는 말을 해야 합니다. 그것이 그리스도인의 입이 생산해 내는 말의 힘입니다. 내 말의 힘을 키웁시다.

이와 같이 주의 말씀이 힘이 있어 흥왕하여 세력을 얻으니라 행 19:20

주의 말씀은 힘이 있습니다. 내 말에도 힘을 실읍시다. 그 힘은 성령의 권능이고 말의 신실성입니다. 믿을 만한 말, 진실한 말을 합시다. 내 말에 공감하고 감동받는 사람이 많다면 말에 힘이 있는 사람입니다. 힘이 넘치는 말은 정직하고 신실하고 성경적인 말입니다.

우리는 귀로 듣고, 눈으로 보고, 입으로 말합니다. 듣고 보고 말하는 것이 그리스도인다운 삶이 세상을 바꿉니다. 몸을 완성합시다. 말로도 우리의 몸을 완성할 수 있습니다. 오늘부터 가장 가까운 사람들에게 따뜻하게 말하며 살아갑시다. 내가 하고 싶은 말이 아닌, 성령이 말하게 하시는 대로 말합시다.

5. 손

예수께서 손을 내밀어 그에게 대시며 이르시되 내가 원하노니
깨끗함을 받으라 하시니 즉시 그의 나병이 깨끗하여진지라
마태복음 8:3

손, 사용법에 인생이 달렸습니다

사람의 손은 매우 정교한 일을 합니다

본문은 유대인들이 불결하게 여겨서 접촉을 꺼리는 나병 환자에게 직접 내미신 예수님의 손을 보여 줍니다. 예수님은 왜 나병 환자에게 손을 내미셨을까요? 이 사건을 통해 주님이 우리에게 주시려는 메시지가 무엇일까요? 우리의 손은 예수님의 손처럼 사용될 때 가치가 부가된다는 의미일 것입니다. 그렇다면 우리는 우리의 손을 어떻게 쓰고 있는지 생각해 볼 필요가 있습니다.

하나님은 사람을 창조하실 때 손을 가장 정교하게 만드셨습니다. 인간의 한쪽 손은 총 27개의 뼈로 구성되어 있습니다. 성인의 뼈는 모두 206개인데, 그중 4분의 1 이상이 신체 표면적 5%에 불과한 손에 몰려 있는 것입니다. 손에는 뼈의 숫자가 많은 만큼 뼈와 뼈를 이어 주고 잡아 주는 근육과 인대도 많아 손이 정교하게 움직일 수 있도록 돕습니다.

또한 손에는 1cm²당 수천 개에 이르는 신경 말단이 빽빽하게 퍼져 있어서 주변 환경을 가장 빠르고 예민하게 감지합니다. 보통 사람도 주머니 속 동전이 얼마짜리인지 정도는 충분히 구별할 수 있습니다. 이처럼 손은 인간의 우월함을 드러내는 매우 중요한 신체 기관입니다.

사람의 손은 일생 동안 평균 250만 번 이상 움직인다고 합니다. 정말 부지런합니다. 말을 하는 시간에도 손이 따라서 움직입니다. 그러나 손은 결코 불평하지 않습니다. 우리의 손은 뇌가 지시할 틈도 없이 생각만 하면 어느새 거절하지도 않은 채 움직여줍니다. 가장 세밀한 구조로 만들어진 손이 가장 많은 일을 가장 오랫동안 묵묵히 수행하며 우리 인간으로 하여금 수많은 일을 해내게 합니다. 그리고 그 손을 어떻게 사용하느냐에 따라 인생이 달라집니다. 손은 일을 상징하며 능력을 드러냅니다.

그렇다면 어떤 손이 아름다울까요? 요즘 사람들은 손 치장을 많이 합니다. 전문적으로 손톱과 손을 관리하는 네일숍도 많아졌습니다. 그러나 정말 중요한 것은 손 단장이 아니라, 손을 어떻게 쓰느냐입니다. 손 사용법이 손의 가치를 결정하며, 손의 아름다움을 보여 줍니다. 아무리 일을 많이 해서 더러워지고 거친 손이라도 선하고 창조적인 일을 하는 손이라면 그 손은 진정 아름다운 손입니다.

하나님의 손은 능력입니다

하나님의 손을 생각해 봅시다. 앞서 손은 능력을 상징한다고 언급했습니다. 따라서 하나님의 손은 하나님의 능력을 가리킵니다. 성경도 하나님이 하시는 일과 그분의 능력을 손을 통해 상징적으로 묘사하고 있습니다. 무엇보다, 하나님은 세상을 손으로 창조하셨습니다.

주의 손으로 만드신 것을 다스리게 하시고 만물을 그의 발 아래 두셨으니
시 8:6

주께서 옛적에 땅의 기초를 놓으셨사오며 하늘도 주의 손으로 지으신
바니이다 시 102:25

시편에 언급된 말씀만으로도 이 사실을 알기에 충분합니다. 너무 많아서 더 인용할 필요도 없을 정도입니다. 천지 창조는 하나님이 능력의 손으로 하신 일입니다.

하나님의 손은 창조하시고 보존하시고 살리시고 도우십니다. 성경에서 하나님의 손이 가장 많이 강조된 사건은 출애굽 역사입니다. 애굽의 압제에 짓눌린 이스라엘 백성을 바로의 손에서 건져 내신 것은 하나님의 강한 손이었습니다(출 6:1; 참고 출 3:19, 32:11; 신 4:34; 단 9:15).

이외에도 일일이 다 열거할 수 없을 정도로 성경 곳곳에 하나님의 손이 등장합니다. 하나님은 그 손으로 하나님의 백성을 건지시고 보호하시고 인도하셨습니다.

그러나 하나님의 손은 실제적으로 우리와 같은 손이 아닙니다. 하나님의 상징적 손이 구체적이고 실제적으로 이 세상에 나타난 것이 몸으로 오신 예수 그리스도의 탄생과 그분의 사역입니다.

이제 하나님의 보내심을 받아 사람의 몸을 가지고 이 땅에 오신 예수님의 손을 봅시다. 본문에서 예수님의 손은 나병 환자를 고쳐 주셨습니다. 예수님이 손을 내밀어 그에게 대시며 "내가 원하노니 깨끗함을 받으라" 하시니 즉시 그의 나병이 깨끗해졌습니다.

마태복음은 유대인을 대상으로 예수님의 이야기를 기록한 책입니다. 그중 8-9장은 예수님의 치유 사건을 집중적으로 다루고 있습니다. 그런데 마태는 치유 사건 중 첫 번째 기록 대상을 나병 환자로 설정했습니다. 순서는 기록자가 정리한 것인데, 왜 하필 예수님이 나병 환자를 치유하신 일을 가장 먼저 기록했을까요?

나병은 유대인들이 가장 불결하게 여기는 병입니다. 나병 환자와 접촉하면 간접적 접촉이라 할지라도 부정하게 되었고, 부정을 해결하기 위해 일주일이라는 시간이 필요했습니다. 정결 예식이 필요할 정도였습니다. 따라서 유대인들은 불결한 나병 환자를 마주치는 것조차 싫어하고 두려워했습니다. 그런데 예수님은 그 손을 나병 환자에게 직접 대셨고, 즉각적으로 치유하셨습니다. 누구도 만지기 싫어하고 스치는 것조차 혐오하는 자들을 그 손으로 만져 주신 것입니다.

주님께 우리는 어떻습니까? 죄인으로서, 주님 편에서는 스치기조차 싫으실 존재입니다. 그러나 주님은 직접 우리에게 오셔서 접촉하심으로 생명을 주셨습니다.

　나병 환자만 예수님의 손이 닿아 고침 받은 것이 아닙니다. 예수님이 손을 잡으시니 죽은 자도 살아났습니다. 예수님은 회당장 야이로의 딸을 살리셨습니다(마 9:25). 또한 예수님은 장례 행렬에 가까이 가셔서 관에 손을 대시고는 "청년아 내가 네게 말하노니 일어나라"(눅 7:14)라고 말씀하셨습니다. 과부의 외아들을 살리신 것입니다. 여기서도 예수님은 손을 대심으로 생명을 살리셨습니다.

　아울러 예수님의 손은 우리를 위기에서 구해 주시는 손이기도 합니다. 베드로가 예수님처럼 물 위를 걷다가 바람을 보고 두려워 물속으로 빠질 때 예수님은 즉시 손을 내밀어 그를 붙잡아 건지셨습니다(마 14:31). 이는 세상 두려움에 빠진 인생에 대한 주님의 건져 주심으로 확대 해석할 수 있습니다.

　이외에도 무수한 예수님의 손이 베푸신 모든 기적을 생략하고, 마지막으로 예수님의 손을 보십시오. 예수님은 십자가에 그 손이 못 박히면서 구원의 역사를 완성하셨습니다. 그래서 예수님의 손에는 못 자국이 선명하게 남았습니다.

　부활하신 예수님을 보지 못한 도마는 예수님을 보았다는 제자들의 고백에 의심하여 "내가 그의 손의 못 자국을 보며 내 손가락을 그 못 자국에 넣으며 내 손을 그 옆구리에 넣어 보지 않고는 믿지 아니하겠노라"(요 20:25)고 말했습니다. 도마는 예수님의 손에 선명한 못 자국을 확인하고 싶었습니다. 그런 그에게 예수님은 다시 오셔서 못 자국에 손가락을 넣어 보라고 하셨습니다. 도마는 예수님의 손바닥에 선명한, 못 박혔던 자국을 보고 믿었습니다. 그렇게 예수님의 손에 못이 박힘으로 우리는 살았습니다. 그로써 예수님은 인간의 구원의 길을 여셨습니다.

제자들의 손은 예수님을 닮은 손입니다

그런 예수님으로부터 훈련을 받은 제자들의 손은 어떻게 변했을까요? 예수님이 승천하신 후 일어난 첫 번째 표적에는 중요한 의미가 있습니다. 베드로와 요한이 기도하기 위해 성전에 올라가다가 그 손을 사용했습니다. 나면서부터 한 번도 걸어 본 적이 없는 한 남자의 손을 잡아 일으키는 제자들의 새로운 모습의 손입니다(행 3:7).

제자들이 걷지 못하는 자를 걷게 하는 예수님의 능력을 대신 드러낸 후에도 손의 가치를 드러내는 일들이 이어졌습니다. 제자들이 핍박하는 자들에게 구금당했다가 풀려난 후 온 교회가 함께 기도하기를, "손을 내밀어 병을 낫게 하시옵고 표적과 기사가 거룩한 종 예수의 이름으로 이루어지게 하옵소서"(행 4:30)라고 아뢰었습니다. 그들은 그리스도인들이 손을 내밀어 잡아 줄 때 병이 낫기를 기도한 것입니다. 그리고 그와 같은 놀라운 일들이 일어났습니다.

내 몸이 성전입니다

제자들의 손은 창조적이고 아름답게 사용되었습니다. 베드로는 손으로 내밀어 죽은 자를 일으켰습니다(행 9:41). 선한 일과 구제를 많이 하던 다비다라는 여제자를 살린 베드로의 손입니다. 예수님처럼 손을 대면 일어서고, 예수님처럼 손을 대면 살아납니다.

어떤 손이 되어야 할까요

하나님 손에 붙잡힌 손이 되어야 합니다

그러면 우리의 손은 어떠한가요? 우리의 손도 사랑하고 격려하고 치료하고 일으키는 손이 되어야 합니다. 일반적으로 우리의 손이 누군가를 죽음에서 살리거나 병이 낫게 할 수는 없습니다. 그러나 우리의 손이 닿으면 희망을 얻게 되고 위로받게 할 수는 있습니다. 또한 우리가 누군가를 살리지는 못하더라도, 넘어뜨리고 무너뜨리는 손이 되어서는 안 됩니다.

그러나 못된 손들이 있습니다.

> 그때에 헤롯왕이 손을 들어 교회 중에서 몇 사람을 해하려 하여 요한의 형제 야고보를 칼로 죽이니 행 12:1-2

헤롯은 그 손에 엄청난 힘을 가진 왕이었습니다. 그럼에도 그의 손은 악한 손이 되었습니다. 사탄의 도구가 되어 의로운 사람을 죽이는 손이 되었습니다. 악의 도구로서의 손을 보여 줍니다. 하나님은 그 나쁜 손을 결코 내버려 두지 않고 심판하셨습니다. 주의 사자를 통해 헤롯을 치셨습니다(행 12:23). 하나님은 악한 손을 징벌하십니다.

하나님을 대적하는 손이 참 많습니다. 의로운 사람을 괴롭히는 손, 누군가를 때리는 손이 있습니다. 다윗은 자기를 해하려는 사울왕을 향하여 하나님을 대적하는 손이 되지 않으려고 애썼습니다. 그러나 손으로 악한 일을 하는 자들이 성경에 얼마나 많이 나오는지 모릅니다. 자기가 손댈 수 없는 영역에 잘못 손을 댔다가 불행해진 사람들도 있습니다. 사울왕이나 웃시야왕이 대표적입니다. 그들의 손은 불행합니다. 그 손이 사탄에게 붙잡혔기 때문입니다.

지금도 죄를 지어 경찰에게 체포되면 손을 묶거나 수갑을 채워 손을 쓰지 못하게 만듭니다. 손을 쓰지 못하면 다른 일도 할 수 없습니다. 그러므로 우리의 손은 누구에게 붙잡히는지가 중요합니다. 주님이 잡아 주시면 내 손은 주님의 일을 해 냅니다.

이사야서에는 하나님이 바사 왕 고레스에 대하여 하신 말씀이 기록되어 있습니다.

내가 그의 오른손을 붙들고 그 앞에 열국을 항복하게 하며 내가 왕들의 허리를 풀어 그 앞에 문들을 열고 성문들이 닫히지 못하게 하리라 사 45:1

하나님은 고레스왕의 오른손을 붙들어 주셨습니다. 하나님이 그의 손을 잡으시니 그의 손이 하나님이 원하시는 대로 움직였습니다. 고레스왕의 손이 하나님께 붙들리자 이스라엘이 바벨론 포로에서 돌아오게 되었습니다. 그의 손은 하나님의 놀라운 도구가 되었고 하나님의 일을 대행했습니다. 엄마가 어린 자녀의 손을 붙잡아 글씨를 쓰면 아이도 엄마처럼 글씨를 잘 쓸 수 있게 되는 것과 마찬가지입니다.

주는 손이 되어야 합니다

사람이 손을 가져도 장애가 있으면 손을 제대로 쓸 수가 없습니다. 온전히 기능하지 못할 수 있습니다. 영적으로, 우리의 손이 장애를 갖고 사는 경우가 있습니다. 움켜쥐기만 하고 이기적 욕망만 채우는 손이 그렇습니다. 우리는 주님의 손을 닮아야 합니다. 앞서 예수님이 그 손을 어떻게 사용하셨는지 살펴보았습니다. 우리는 그분처럼 살아야 합니다.

하나님은 율법에서 손을 어떻게 사용해야 하는지를 알려 주셨습니다. 손을 움켜쥐지 말고 펴라고 명령하셨습니다.

가난한 형제에게 네 마음을 완악하게 하지 말며 네 손을 움켜쥐지 말고
반드시 네 손을 그에게 펴서 그에게 필요한 대로 쓸 것을 넉넉히 꾸어
주라 신 15:7-8

　예수님도 마찬가지로, "주라 그리하면 너희에게 줄 것이니 곧 후히 되어 누르고 흔들어 넘치도록 하여 너희에게 안겨 주리라 너희가 헤아리는 그 헤아림으로 너희도 헤아림을 도로 받을 것이니라"(눅 6:38)라고 말씀하셨습니다. "주라!" 주님의 명령입니다.
　주려면 손을 펴야 합니다. 주면 사는데, 우리는 절대 잃지 않겠다고 움켜쥔 채 죽을 길로 갑니다. 주님은 주면 비로소 채워 주겠다고 약속하셨습니다. 주님은 우리가 준 것과 비교될 수 없을 정도로 넘치게 주십니다. 비우면 채우십니다. 주님이 후히 되어 누르고 흔들어 넘치도록 안겨 주실 텐데, 우리는 그 사실을 제대로 믿지 못합니다. 내 손을 펴서 주는 손이 되지 못하면 하나님으로부터 받을 수 없습니다. 주는 손, 주님을 닮은 손이 아름다운 손이요 복된 손입니다.
　'손이 크다'라는 관용 표현이 있습니다. 많이 베풀고 주는 손을 의미하는 '큰 손'은 복된 손이고 아름다운 손입니다. 우리는 능력이 많은 손, 재주가 많은 손, 돈을 많이 벌어들이는 손을 추구하려 하기보다 오직 주님의 손을 닮아야 합니다.
　오병이어의 기적은 4복음서에 다 기록되어 있습니다. 어린아

　　　　　　　　　내 몸이 성전입니다

이의 손에 있던 떡 다섯 덩이와 물고기 두 마리가 담긴 작은 도시락이 예수님의 손에 들렸습니다. 그 작은 것이 수많은 사람을 먹이고도 열두 광주리나 남는 놀라운 결과를 맺었습니다. 신기하게도, 빼기 같은데 더하기이고, 나누기 같은데 곱하기가 됩니다. 우리의 손을 펴야 합니다. 할 수만 있으면 많이 가지려 하고 한번 잡으면 놓지 않으려고 움켜쥐는 손이 되면 불행해집니다. 만족을 누리기가 힘듭니다.

마태복음 12장에는 예수님이 손 마른 사람을 고쳐 주신 사건이 기록되어 있습니다. 그가 예수님의 말씀에 순종해 손을 내밀자 다른 손과 같이 회복되었습니다. 그런데 이 손이 오른손임을 누가복음이 밝혀 줍니다(눅 6:6). 그는 오른손이 굳어 있는 사람이었습니다. 일하는 손, 힘을 나타내는 오른손이 병들어 펴지를 못했습니다. 그런데 예수님이 그 손을 내밀라고 하시자 손이 펴졌습니다.

예수님이 고치셨습니다. 우리 역시 주님을 만나 손을 고쳐야 합니다. 지금도 주님이 우리에게 손을 펴라고 말씀하고 계시는지도 모릅니다. 움켜쥐기만 하는 우리의 손을 펴서 주고 베풀기를 원하시는 것입니다. 진정한 손의 장애는 나만 생각하는 이기적 손입니다.

지역과 상황에 따라 조금씩 다르겠지만, 원숭이를 쉽게 잡는 공통적인 원칙이 있습니다. 원숭이들이 많이 있는 곳에 가서 커다

란 나무에 입구가 좁은 항아리를 단단히 매어 둡니다. 그리고 항아리 안에 원숭이가 좋아하는 바나나 같은 먹이를 넣어 둡니다. 그러면 원숭이가 다가와서는 손을 항아리 안에 넣고 먹이를 붙잡습니다. 그러나 항아리 입구가 좁아 먹잇감을 움켜쥐고 있는 원숭이의 손이 빠지지를 않습니다. 손을 펴야만 빠져나올 수 있는데, 원숭이는 먹잇감을 놓지 않은 채 씩씩거리다가 잡히고 맙니다. 일단 손에 들어온 먹이는 놓치지 않는다는 확고한 신념 때문일까요. 그 똑똑해 보이는 원숭이가 어리석게도 허무하게 붙잡히고 맙니다. 기껏해야 바나나 하나 정도일 텐데 그것이 뭐라고 놓지 못한 채 잡혀가는지요.

그런데 원숭이와 비교할 수 없을 정도로 똑똑한 우리 인간도 원숭이처럼 어리석게 붙들리고 만다는 사실을 알고 있습니까? 움켜쥐기만 하고 예수님의 말씀대로 주고 나누는 손이 되지 못함으로 세상에 붙잡혀 살면서 행복을 잃고 자유를 놓칩니다. 살겠다고 꽉 쥐었는데 결국 죽고 마는 것입니다.

다시 한 번 우리의 몸을 짐승들과 비교해 보겠습니다. 눈과 귀는 짐승들이 비교할 수 없을 만큼 월등합니다. 그러나 정교한 사람의 손을 따라올 짐승은 없습니다. 하나님이 사람에게만 주신 손입니다. 손의 기능적인 면만을 의미하는 것이 아닙니다. 손으로 사랑하고 나누고 아름다운 일을 해 내는 면에서도 어떤 피조물도 인간을 따라올 수 없습니다.

내 몸이 성전입니다

그리스 신화 중 "마이더스의 손" 이야기를 잘 알 것입니다. 그는 탐욕 때문에 모든 것을 황금으로 만드는 손을 갖기 원했다가 결국 딸까지 황금으로 만들었습니다. 진정한 마이더스는 주는 손이고 펴는 손입니다. 그 손에 주님이 함께하시면 최고의 능력의 손이요, 아름다운 손이 됩니다.

1장에서 인용한 오드리 헵번이 좋아했던 시에도 손에 관한 내용이 나옵니다.

> 만약 도움을 주는 손이 필요하다면
>
> 너의 팔 끝에 있는 손을 이용하면 된다.
>
> 더 나이가 들면 손이 두 개라는 것을 발견하게 될 것이다.
>
> 한 손은 너 자신을 돕는 손이고
>
> 다른 한 손은 다른 사람을 돕는 손이다.

최소한 한 손이라도 밖으로 뻗어야 합니다. 안으로만 굽게 해서는 안 됩니다. 우리의 손을 밖으로 뻗으면 하나님을 닮은 창조적 역사가 펼쳐집니다. 우리의 손이 닿을 때 새로운 일이 펼쳐지다니, 정말 놀랍지 않습니까? 누군가 한 번도 해 본 적 없는 착한 일을 하는 것보다 창조적인 일이 어디 있을까요.

우리의 손을 확인하신 하나님이 더 큰 능력을 발휘하도록 우리에게 기회를 주실 것입니다. 힘도 주실 것입니다. 내 손으로 새로운 힘을 만들게 하실 것입니다. 기술, 능력, 창조 등 세상을 더 아름답고 편리하고 행복하게 만들 수 있는 일을 시작하게 하실 것입니다. 우리 손의 능력은 그렇게 키워 가는 것입니다.

교회와 그리스도인의 손은 이처럼 하나님을 닮은 창조적 역사를 향해 밖으로 뻗어 나가야 합니다. 한국전쟁 당시 전 세계의 그리스도인들이 멀고먼 이 땅에 와서 고아와 과부를 돌보고 빈곤에서 구호해 주었습니다. 이제는 컴패션, 월드비전 등 NGO들이 전 세계 기아와 난민을 구호하고 있습니다.

그리스도인들이 손을 펴서 주고 일으키고 살려야 하는데 그렇지 못한 경우가 얼마나 많습니까. 최근 미국에서는 인종 차별이 심각한 문제를 일으켰습니다. 흑인들의 아픈 역사는 이미 400년 전부터 시작되었습니다. 아프리카에서 흑인을 사냥하듯 잡아 노예로 데려와 그들의 노동력으로 생산을 하면서 시작된 것이 인종 차별입니다.

당시 노예를 이용해 돈을 번 자들의 대부분이 그리스도인들이었습니다. 그들은 그 돈으로 십일조를 하고 하나님께 감사를 드렸습니다. 살리는 손이 아닌, 죽이는 손이고 빼앗는 손이었습니다. 그 손이 지닌 힘을 이용해 세계 곳곳에서 약자를 밟고 죽이고 빼앗았습니다. 그 흔적이 곳곳에 남아 있고 그 아픔의 역사는 지금도 계속되고 있습니다.

내 몸이 성전입니다

깨끗한 손이 되어야 합니다

주는 손, 착한 손이 되기 위해서 반드시 필요한 것이 무엇일까요? 깨끗한 손입니다. 우리는 손을 깨끗이 해야 합니다. 능력이 있고 큰일을 해 낸다 할지라도 손이 더러우면 모든 일을 더럽히게 됩니다. 세상도 더러운 내 손이 닿으면 더러워집니다. 돈을 많이 벌더라도 더러워진 손으로 번 돈은 힘을 잃고 맙니다. 그러므로 우리의 손은 깨끗한 손이어야 합니다. 재능이 있는 손, 놀라운 힘을 가진 손보다는 깨끗한 손을 갖기를 소망하고 기도합시다.

하나님은 손이 깨끗한 사람에게 복을 주시며, 손이 깨끗한 사람을 사용하십니다(욥 22:30; 시 18:20, 24:3-4).

> 여호와께서 내 공의를 따라 상 주시며 내 손의 깨끗함을 따라 갚으셨으니
> 삼하 22:21
> 그러므로 의인은 그 길을 꾸준히 가고 손이 깨끗한 자는 점점 힘을 얻느니라 욥 17:9

신약에서도 깨끗한 손은 매우 중요합니다. 야고보 사도는 "하나님을 가까이하라 그리하면 너희를 가까이하시리라 죄인들아 손을 깨끗이 하라 두 마음을 품은 자들아 마음을 성결하게 하라"(약 4:8)라고 말했습니다.

요즘 사람들이 인류 역사 이래 가장 손을 잘 씻는다고 합니다.

그러나 손을 깨끗이 한다는 것은 청결만을 의미하지 않습니다. 죄를 짓지 않는다는 뜻이며, 손을 악하게 사용하지 않는 것을 가리킵니다. 관형 표현 중에 '손을 씻다'라는 말이 있는데, 이는 악한 일을 하다가 더 이상 하지 않게 되는 것을 의미합니다.

빌라도도 손을 씻었습니다. 그는 예수님을 십자가에 못 박으라는 군중의 외침을 듣고는 민란이 날까 두려워 물을 가져다가 무리 앞에서 손을 씻으며 "이 사람의 피에 대하여 나는 무죄하니 너희가 당하라"(마 27:24)라고 말했습니다. 물로 손을 씻는다고 해서 죄가 씻기는 것은 아니지만, 그렇게라도 했습니다. 예수님을 죽이는 일이 악인 줄 알았기에 자기 의지와 관계없다는 의미로 손을 씻으며 책임을 면하고 싶어 했던 것입니다. 그러나 손을 씻는 세리모니는 했지만, 악한 일에서 손을 빼지는 못했습니다.

빌라도의 이런 태도는 비겁하고 무책임하지만, 우리는 그처럼 의식적으로라도 늘 손을 씻어야 합니다. 하나님은 깨끗한 손에 일을 맡기시고, 그 손을 사용하십니다. 성경의 '하나님은 깨끗한 그릇을 사용하신다'는 말은 이와 같은 의미를 담고 있습니다(딤후 2:21).

아울러 하나님은 깨끗한 손을 잡아 주십니다. 그리고 그 깨끗한 손에 많은 것을 쥐어 주십니다. 우리의 손 가득히 하나님의 은혜를 잡고 마음껏 베풀며 살아갑시다. 손! 하나님이 우리에게 베푸신 복입니다. 하나님이 사람에게 주신 놀라운 기능을 탑재한 우리의 신체 중 매우 중요한 기관인 손을 아름답고 건강하게 관리하고 사용합시다. 아름다운 손으로 아름다운 사람이 되고, 그 손으로 복을 만들고 누립시다.

기도하는 손, 축복하는 손이 되어야 합니다

성경에는 여러 손들이 나오는데, 그중에 기도하는 손도 있습니다. 기도하면서 손을 깨끗이 하고, 그로써 우리 손의 부가가치를 높여야 합니다.

"기도하는 손"이라는 그림에 얽힌 이야기가 감동적입니다. 화가를 꿈꾸던 알브레히트 뒤러(Albrecht Düre)와 피아니스트가 꿈이었던 한스(Hans)는 둘 다 가난해서 공부하기가 어려웠습니다. 그래서 한스가 먼저 돈을 벌어 뒤러를 도와주고, 뒤러가 화가가 되면 그의 도움으로 한스가 피아노 공부를 하기로 했습니다. 그러나 한스의 손은 돈을 버는 동안 거칠고 굳어졌습니다. 결국 피아노를 칠 수 없는 손이 되어 버린 한스는 친구가 훌륭한 화가가 되는 꿈을 이루기를 두 손 모아 기도했습니다. 그 모습을 지켜본 뒤러가 그린 그림이 "기도하는 손"입니다.

한스의 손은 얼마나 깨끗하고 따뜻한 손입니까. 그 손으로 기도합니다. 우리는 기도하면서 손이 깨끗해지고, 능력의 손이 되어 누군가를 위로할 수 있습니다.

이스라엘 백성이 아말렉과 전쟁을 치를 때였습니다. 모세가 손을 들고 기도할 때 이스라엘이 승리했습니다(출 17:12). 우리의 기도하는 손도 세상을 바꿉니다. 사실 손을 들고 기도하는 것은 내 손에 어떤 힘도 없다는 고백이기도 합니다.

> 내가 주의 지성소를 향하여 나의 손을 들고 주께 부르짖을 때에 나의 간
> 구하는 소리를 들으소서 시 28:2

손을 드십시오. 그 손을 하나님이 잡아 주십니다.

축복하는 손도 있습니다. 야곱은 요셉의 자녀들에게 손을 얹어 축복했고(창 48:14), 아론은 이스라엘 백성을 향하여 손을 들어 축복했습니다(레 9:22). 하나님은 축복하는 손을 기뻐하십니다. 축복받는 자에게 복을 주십니다.

우리 손으로 하나님 손을 대신합시다

축복하는 손, 도와주는 손, 살리는 손, 기도하는 손이 되는 것이 복입니다. 자신의 손을 바라보십시오. 오늘 내가 보는 나의 손은 어떻습니까? 내 손을 바라보면서 내 손을 펼 수 있도록 주님의 치유가 임하기를 기도합시다. 힘 있는 손보다 깨끗한 손, 움켜쥐는 손보다 베푸는 손, 나의 약함을 인정하고 하나님 앞에 공손히 모으는 손, 누군가를 축복하기 위해 드는 손이 됩시다.

우리의 손이 하나님의 손, 주님의 손을 대신해야 합니다. 우리가 하나님의 손을 대신하는 일을 제대로 하면 하나님이 우리의 손에 계속 힘을 주실 것입니다. 하나님은 내 손을 통해 일하기를 원하십니다. 예수님은 그 손에 못이 박히시면서 우리를 구원하셨습니다. 그러니 이제 우리는 그 은혜에 감격하여 깨끗해진 손으로 세상을 위로하고 치유하고 일으켜야 합니다. 하나님께 세상을 구원해 달라고 기도하는 데서 그치지 말고, 내 손으로 세상을 위로하기로 다짐하며 기도해야 합니다. 그리고 그 손으로 주님이 원하시는 일을 해 내야 합니다. 그 손이 귀한 손입니다.

6. 발

보내심을 받지 아니하였으면 어찌 전파하리요 기록된 바 아
름답도다 좋은 소식을 전하는 자들의 발이여 함과 같으니라
로마서 10:15

내 발은 아름답습니까

발은 많은 기능을 하며 우리 몸에서 매우 중요한 신체 기관입니다. 사람의 발 한쪽은 26개의 뼈, 33개의 관절, 32개의 근육과 힘줄, 107개의 인대로 이루어져 있으며, 우리 몸의 주춧돌 역할을 합니다. 사람은 대략 하루에 5,000보가량을 걷는다고 하니, 평생 약 8만 킬로미터를 걷는다고 볼 수 있겠습니다. 앞 장에서 손은 일생 동안 평균 250만 번 움직인다고 했습니다. 손과 발이 정말 많은 일을 한다는 것을 알 수 있습니다.

발이 빠르게 움직이기에 손이 기능을 제대로 할 수 있습니다. 그럼에도 손이나 머리 등 다른 신체 기관에 비해 발은 그간 관심의 대상이 되지 못했습니다. 최근 걷기 운동의 열풍과 함께 발에 관심이 많아졌는데, 기능적인 발에 그치지 말고 우리의 발을 통해 이룰 아름다운 일을 생각해 보기 원합니다.

일반적으로 발이라고 하면 우리 몸 중에서 불결한 부분으로 생각하기 때문에 발을 아름답게 보기란 쉽지 않을 것입니다. 그러나 발이야말로 신체 중 가장 중요한 기관입니다. 이사야 선지자는 좋은 소식을 전하는 자들의 발을 가리켜 아름답다고 표현했고(사 52:7), 사도 바울은 이사야의 이 말을 본문에 인용했습니다. 그렇다면 아름다운 발이란 무엇을 의미할까요?

발레리나로 명성을 떨친 강수진 씨의 발 사진을 기억할 것입니다. 발레리나가 아름답게 춤추는 모습보다 일그러진 발이 훨씬 아름다워 보입니다. 축구 선수 박지성 씨의 발도 유명합니다. 그의 발은 매끄럽게 잘생기진 않았지만, 박지성 씨의 오늘이 있게 만든 발입니다. 그 사진들을 보고 있으면 화려하고 박수 받는 그들의 인생은 그 발에 담겨 있다는 느낌이 듭니다. 아름다운 몸짓의 화려한 무대와 그라운드를 누비며 환호를 받는 축구 경기를 위해 그들이 얼마나 발로 뛰었을지, 그래서 그 발은 얼마나 많은 고통을 견뎌 냈을지가 그 발 사진에 그대로 담겨 있습니다. 그래서 강수진 씨의 발과 박지성 씨의 발이 아름다운 것입니다.

이처럼 발의 아름다움은 매끄럽고 깨끗한 피부 때문이 아닙니다. 온몸의 체중을 감당하면서 힘든 고비를 넘나들었을 그 과정에 고스란히 드러나는 발은 존중받아 마땅합니다. 한 가지 일에 열정적으로 집중한 사람의 발은 비록 일그러지고 굳은살로 덮여 있지만 아름답기 마련입니다.

유명인사의 발만 그렇지는 않습니다. 사랑하는 배우자의 발을 보십시오. 하루 종일 밖에서 일하다 들어와 냄새나는 발이 아름답다고 느껴 본 적이 있습니까? 발로 땀나게 뛰었기에 온 식구가 행복하게 사는 것입니다. 그러니 냄새난다고 핀잔만 주지 마십시오. 냄새나도록 열심히 살았을 뿐입니다. 더러워지고 냄새나는 발이지만 아름답습니다. 굳은살이 박인 발, 각질이 많은 발, 거칠어진 발이지만 가치 있는 일에 사용된다면 그 무엇보다 아름답습니다.

　　　　　　　　　　　　　　　　　내 몸이 성전입니다

우리의 발은 어떻습니까? 내 발은 무엇을 담고 있나요? 어떻게 해야 나의 발도 아름다울 수 있을까요?

속도보다 방향이 더 중요합니다

발은 걷는 역할을 합니다. 발로 걷고 나면 발자취가 남습니다. 발을 담그거나 빼야 하는 경우가 있습니다. '좋은 소식을 전하는 자들의 발'이라고 하면 소식을 전하기 위해 부지런히 움직이는 발이 떠오릅니다. 이처럼 발 하면 여러 가지가 생각나지만, 일반적으로 발은 걷는 기능을 합니다. 우리는 잘 걸어 앞으로 나가야 합니다. 바른 기능을 하는 발이 되어야 합니다.

앞으로 앞으로 앞으로 앞으로

지구는 둥그니까 자꾸 걸어 나가면

온 세상 어린이를 다 만나고 오겠네

"앞으로"라는 동요의 가사입니다. 이 가사처럼 우리는 천천히 걸어도, 걷고 또 걸으면 앞으로 나갑니다.

문제는 걷는데도 앞으로 나가지 못하는 것입니다. 제자리걸음만 하는 발이라면 답답한 발입니다. 어떤 발은 앞으로 나가지 못할 뿐만 아니라 뒷걸음질을 치기도 합니다. 우리는 앞으로 나가고, 뒤로 물러나지 않아야 합니다. 영적으로 앞으로 나가지 못하면 삶이 무너지고 맙니다. "우리는 뒤로 물러가 멸망할 자가 아니요 오직 영혼을 구원함에 이르는 믿음을 가진 자"(히 10:39)임을 기억해야 합니다.

어렵고 힘든 길, 한 번도 가 본 적 없는 길이라 할지라도, 아무리 험해도, 그래서 발을 다쳐도 걷고 또 걸으며 앞으로 나간 사람들로 인해 역사는 발전했고, 우리가 사는 이 세상이 만들어졌습니다.

발은 행동이요 방향입니다. 아무리 빨리 앞으로 가도 방향이 잘못되면 목적지에 도착할 수 없습니다. 내 발은 어느 방향을 향하고 있습니까? 내 발이 내 마음대로 움직인다면 바른길로 가기가 어렵습니다. 내 발이 혹시 욕망을 좇는 발인지 살펴야 합니다. 발을 잘못 디뎌서 죽는 경우도 있으니, 발을 헛디디지 않도록 조심해야 합니다.

어떤 사람은 돈 버는 길을 가기도 합니다. 성공하는 길을 찾아 빠르게 달리기도 합니다. 걷고 달리면서도 '더 빠른 길은 없나?'라고 생각하기도 합니다. 그러나 정말 중요한 것은 바른길, 즉 방향입니다. 나의 발은 얼마나 빠른지를 생각하기에 앞서 잘 가고 있나 살펴보아야 합니다.

빠른 발로 유명한 사람들이 있습니다. 육상에서 최고의 자리에 오른 사람들 중에 자메이카의 우사인 볼트(Usain Bolt)가 있습

내 몸이 성전입니다

니다. 남자 100m 세계 기록, 200m 세계 기록, 그리고 400m 계주 세계 기록 보유자입니다. 그는 100m 세계 기록을 세우면서 이름을 알렸고, 그 후 엄청난 속도로 기록을 갈아치웠습니다. 육상 하면 미국이지만 미국을 제친 선수입니다. 2008년 5월 31일, 미국 뉴욕 아이칸 스타디움에서 벌어진 국제육상경기연맹(IAAF) 리복 그랑프리 100m에서 9초 72의 기록으로 결승선을 통과해 아사파 포웰(Asafa Powell)이 가지고 있던 종전 기록인 9초 74를 0.02초 차이로 앞당겼습니다.

마라토너를 생각해 봅시다. 이봉주 선수는 2000년 2월 13일 도쿄국제마라톤에서 42.195km를 2시간 7분 20초에 주파해 한국 신기록을 수립했습니다. 일제 강점기인 1936년 8월 10일 손기정 선수는 베를린 올림픽 마라톤에 출전해 올림픽 신기록을 세우며 우승했습니다. 비록 유니폼에는 일장기를 달았지만 전 세계가 주목받게 만들었고, 이후 동아일보가 일장기를 태극기로 바꿔 사진을 실어 역사적 사건이 되었습니다. 또한 세계적 선수 케냐의 엘리우드 킵초게(Eliud Kipchoge)는 2018년 베를린 마라톤에서 2시간 1분 39초로, 마라톤 세계 신기록을 기록했습니다. 공인 기록은 아니지만 2시간 벽을 깼다고도 합니다.

이처럼 인간의 발은 빠를 뿐 아니라 오래 달리기도 합니다. 오래 달리는 것도 매우 중요합니다. 빠르게 오래 걸어도 지치지 않는다면 참 건강한 발입니다. 그러나 다시 말하지만, 아름다운 발은 무엇을 위해 움직이느냐, 즉 방향이 중요합니다. 아무리 빨라도 방향이 잘못되면 결코 좋은 발이 될 수 없고, 하나님이 우리에게 원하시는 목적지에 도달할 수 없습니다.

저는 주기철 목사님 묘소에 자주 갑니다. 언젠가는 늦어서 빨리 뛰어갔는데, 그만 방향을 놓쳐서 지나쳤습니다. 더 빠르게, 더 많이 뛰었지만 도착하지는 못했습니다. 다시 정신을 차려 바르게 찾아갔습니다. 우리의 발은 바른 방향을 찾아 열심히 가는 발이어야 합니다. 물론 피곤할 수 있습니다. 지칠 수도 있습니다. 그러나 바른길로 가면 반드시 좋은 열매가 있습니다. 좋은 발, 아름다운 발이란 바른길로 가되, 앞으로 나가는 발입니다.

어떤 길을 걷고 어느 길로 가고 있습니까

발에도 여러 가지 질병이 발생할 수 있습니다. 편평족, 흔히 평발이라고 불리는 매우 흔한 질환이 있습니다. 발바닥의 내측 종아치가 소실되어 발바닥이 편평하게 되는 변형을 총괄하여 지칭하는 병입니다. 평발은 오랫동안 걷기가 어렵다고 합니다. 첨족이라고, 평발과는 반대로 내측 종아치가 비정상적으로 높아진 질병도 있습니다.

또 발뒤꿈치 통증도 있습니다. 족저근막염 등입니다. 그리고 중족골통이라고 발의 앞부분 통증도 있습니다. 지절간 신경염, 발목터널증후군도 있습니다. 손저림증을 유발하는 손목터널증후군과 유사한 증세입니다. 어떤 사람은 굳은살이나 티눈 등으로 힘들어하기도 합니다. 또 관절염이나 통풍이 심해지면 손의 변형과 함께 발 모양의 변형과 통증도 일어납니다. 그리고 당뇨가 심각한 경우 혈액 순환이 방해를 받아 괴사해 심각한 결과까지 초래하기도 합니다. 발을 많이 쓰는 사람에게 많이 발생합니다.

그러나 병보다 더 위험한 것은 잘못된 걸음입니다. 내가 간 걸음은 흔적으로 남습니다. 요즘은 흔적이 곳곳에 많이 남습니다. GPS를 활용해 동선을 추적하기도 하고, 카드 사용 내역을 들여다보기도 하고, 고속도로 톨게이트 기록 등을 살필 수도 있습니다. 그리고 휴대전화 기지국을 통해 어디에 있었는지를 정확하게 파악합니다. 이 시대에는 우리가 어디를 가든 흔적이 남기 마련입니다.

누군가는 그 흔적을 숨기고 싶어 합니다. 그러나 숨기고 싶은 곳은 가지 말아야 합니다. 그런 의미에서 우리가 남긴 흔적은 얼마나 아름다운지 생각해 봅시다. 부끄럽지는 않은지요? 당당한지요?

눈 덮인 들판을 걸어갈 때(踏雪野中去)

함부로 어지럽게 걷지 마라(不須胡亂行)

오늘 내가 가는 이 길은(今日我行跡)

뒷사람의 이정표가 되리니(遂作後人程)

눈길을 걸으면 발자국이 선명하게 남습니다. 백범 김구 선생은 이 한시를 일생의 좌우명으로 삼았으며, 이 시처럼 살았습니다. 그는 명성황후의 원수를 갚기 위해 일본 사람을 죽여 인천 감옥에 수감당했는데, 당시 그의 이름은 김창수였습니다. 탈옥에 성공한 후 그는 이름을 '구'로 바꾸고 누구도 가고 싶지 않고 가 보지 못한 길을 힘 있게 걸었습니다. 그리고 우리에게 좋은 흔적을 남겼습니다. 우리는 어떤 발자국을 남길까요? 나의 걸음을 돌아보면 어떤 흔적이 남아 있을까요? 우리가 걸어온 흔적을 돌아봅시다.

잊으려 해도 잊히지 않는 흔적이 있습니다. 1969년 아폴로 11호 유인우주선이 달 표면에 남긴 흔적도 있습니다. 역사적인 발자국입니다. 닐 암스트롱(Neil Armstrong)의 발자국이라고 합니다. 물론 이 부분에 대해서는 논란이 있었습니다만, 혹시 아니더라도 그 자취는 영원한 것입니다. 그 후로도 인류는 우주를 향한 걸음을 계속하고 있습니다.

우리는 발로 걷고 발로 길을 갑니다. 어떤 길을 걷고 어느 길로 가고 있습니까? 예수님이 명령하시고 경고하신 길이 있습니다.

좁은 문으로 들어가라 멸망으로 인도하는 문은 크고 그 길이 넓어 그리로 들어가는 자가 많고 생명으로 인도하는 문은 좁고 길이 협착하여 찾는 자가 적음이라 마 7:13-14

내 몸이 성전입니다

우리는 좁은 문으로 들어가 협착한 길을 걸어야 합니다. 내 걸음의 흔적은 어떻게 남을까요? 좁은 길을 기쁨으로 걷던 발로 기억되기를 바랍니다. 평생 열심히 걸어온 발이 억울하지 않도록 말입니다.

'발 조심' 해야 합니다

손을 깨끗하게 관리해야 하듯이, 발은 더러워지기 쉽기 때문에 더욱 잘 관리해야 합니다. 계단에 '발 조심!'(Watch your step!)이라는 경고 문구가 붙어 있는 모습을 본 적이 있습니까? 미끄러지거나 떨어질까 조심하라는 뜻입니다. 잘못하면 넘어지고 굴러 떨어져서 다치거나 생명이 위험할 수 있으니 유의하라는 것입니다. 에스컬레이터를 타다가 다치는 사람들도 간혹 있습니다. 우리는 발 조심 해야 합니다.

그러나 발을 다칠까 걱정하기보다 더 염려해야 할 일은 발이 더러워질까 조심하는 일입니다. 일하다 발을 다치는 것은 열정입니다. 그러나 발을 더럽히는 것은 부끄러움입니다. 그러므로 우리는 조심해서 길을 선택하고 조심스럽게 발을 내디뎌야 합니다.

성경을 보면 걸어서는 안 될 죄의 길이 있습니다.

복 있는 사람은 악인들의 꾀를 따르지 아니하며 죄인들의 길에 서지 아니하며 오만한 자들의 자리에 앉지 아니하고 시 1:1

복 있는 사람이란 돈 많은 사람이 아닙니다. 바른길을 가는 사람, 발을 더럽히지 않는 사람입니다. 내 발이 악에 **빠지지** 않도록 조심합시다. 적극적으로 악과 죄를 금하는 발을 만들어야 합니다. 시편 119편의 기자도 주의 말씀을 지키려고 발을 금하여 모든 악한 길로 가지 않았습니다(시 119:101).

숯불을 밟고 있는데 발이 온전하겠습니까. 그러므로 발을 바르게 디뎌야 합니다(잠 6:28). 내 발이 손상 입을 곳을 밟으면 내 발만 상해를 입습니다. 발 조심 하십시오.

일반적으로 경찰이 수사나 치안을 위해 폴리스라인(police-line, 경찰 저지선)을 치면 아무나 함부로 드나들지 못합니다. 들어오면 처벌 대상입니다. 그러나 그리스도인들은 바이블 라인(bible-line)을 마구 넘나듭니다. 이스라엘 백성은 이처럼 가서는 안 되는 길, 넘어서는 안 되는 선을 침범하면서 결국 다 잃었습니다.

아울러 우리는 나뿐 아니라 자녀들의 걸음에도 관심을 가져야 합니다. 솔로몬은 자녀에게 "그들과 함께 길에 다니지 말라 네 발을 금하여 그 길을 밟지 말라"(잠 1:15)고 말했습니다. 부모는 자녀들이 첫 걸음마를 뗄 때 좋아합니다. 그러다 넘어져도 즐거워합니다. 그러나 자녀들이 평생 걸을 걸음을 생각해야 합니다. 부모

내 몸이 성전입니다

의 발걸음이 자녀들이 갈 길을 보여 주기도 합니다. 자녀들로 하여금 뒤따라오게 합니다.

이사야서에 기록된 하나님의 책망을 주의 깊게 보십시오. 하나님은 진정한 금식을 말씀하신 후 우리의 발이 금해야 할 것들을 지적하셨습니다.

> 만일 안식일에 네 발을 금하여 내 성일에 오락을 행하지 아니하고 안식일을 일컬어 즐거운 날이라, 여호와의 성일을 존귀한 날이라 하여 이를 존귀하게 여기고 네 길로 행하지 아니하며 네 오락을 구하지 아니하며 사사로운 말을 하지 아니하면 네가 여호와 안에서 즐거움을 얻을 것이라 내가 너를 땅의 높은 곳에 올리고 네 조상 야곱의 기업으로 기르리라 사 58:13-14

사실 발을 더럽히지 않는 것은 불가능할지 모릅니다. 또 더러워질까 걱정되어 외출을 하지 않고 살 수도 없습니다. 그렇기 때문에 우리는 더러워진 발을 씻어야 합니다. '외출 후 발 씻기'는 일상입니다.

예수님도 제자들의 발을 씻어 주셨습니다(요 13:1-10). 그러나 예수님이 씻어 주신 것이 어찌 발뿐이겠습니까. 발로 상징되는 삶을 대표합니다. 주님이 우리의 죄를 씻어 주신다는 것을 상징적으로 보여 주신 사건입니다.

더러운 길을 걷다 보면 발이 더러워집니다. 세상을 살다 보면 때가 묻기 마련입니다. 하이힐은 15세기 프랑스에서 말들의 배설물로 더러워진 길을 다니다가 발에 오물을 묻히는 일을 방지하기 위해 신기 시작했다고 합니다. 그러나 오물을 묻히지 않는 것으로 깨끗한 발이 되지는 않습니다. 잘못된 곳에 가고, 잘못된 길을 걷는 것이 문제입니다.

발은 매일 씻어야 합니다. 더럽히지 않도록 애쓰는 것은 중요합니다. 씻어서 깨끗해질 정도라면 괜찮지만, 때로 발이 오염되거나 상하게 될 수 있습니다. 오랫동안 씻지 않으면 병들 수도 있습니다. 저는 동계훈련 중 의무대에서 발이 오염되어 곪고 상한 병사들을 보았습니다. 원인은 다른 데 있지 않습니다. 씻지 않았기 때문입니다.

더 나아가 겸손한 태도가 발과 관련됩니다. 내 발을 깨끗이 한후 누군가의 더러워진 발을 씻어 주는 것은 그리스도인의 사명이며 겸손한 삶을 의미합니다(딤전 5:10). 그 최고의 사례가 예수님이 제자들의 발을 씻어 주신 사건입니다. 예수님은 "내가 주와 또는 선생이 되어 너희 발을 씻었으니 너희도 서로 발을 씻어 주는 것이 옳으니라"(요 13:14)라고 말씀하셨습니다. 또한 아브라함은 자신의 집을 찾은 손님들을 접대할 때 발 씻을 물을 내주었습니다(창 18:4).

복음을 전하는 아름다운 발이 됩시다

이 장에서도 발을 짐승들에 비교해 보겠습니다. 짐승들의 발이 사람보다 훨씬 뛰어날 수 있습니다. 치타의 달리기 속도를 어떻게 사람이 따라갈 수 있겠습니까. 치타는 시속 113km, 임팔라는 시속 90km, 호랑이는 시속 80km, 세상에서 가장 빠른 개 그레이하운드는 시속 72km나 됩니다. 사람이 결코 쫓아갈 수 없는 속도입니다.

그러나 아름다운 발은 결코 빠른 발이 아닙니다. 늦어도, 아니 제대로 걷기 힘들어도 발자국을 아름답게 남긴 분들이 있습니다. 사람만이 그런 걸음을 남길 수 있습니다. 그 아름다운 발걸음에 대해 조금 더 살펴보겠습니다.

조선을 향해 복된 걸음을 옮기신 분들의 발을 생각합니다. 누군가가 좋은 길로 발걸음을 옮기도록 하는 아름다운 발입니다. 복음을 전하는 발입니다. 한부선(Bruce F. Hunt) 선교사는 한국에서 태어난 가장 한국적인 선교사로서 한국을 사랑한 분이었습니다. 아버지 한위렴(William Hunt) 선교사와 장인 방위량(William N. Blair) 선교사를 이어 2대째 한국에서 활동한 선교사입니다. 부산고려신학교에서 교수 사역을 했는데, 일제 강점기에 그리스도인을 돕고 신사 참배 강요에 투쟁한 이유로 구금되었으며 갖은 고문과 협박에도 굴복하지 않았습니다. 그는 이처럼 아름다운 발자취를 남겼습니다.

우리나라 최초의 기독교 선교사인 로버트 토마스(Robert J. Thomas)는 1866년 이 땅에 와서 피를 뿌렸습니다. 그 덕분에 은둔의 나라 조선 땅에 그리스도인이 생겼습니다. 토마스 선교사가 대동강에서 죽으면서 건네준 쪽복음이 박춘권 씨를 변화시켰습니다. 호레이스 언더우드(Horace G. Underwood), 헨리 아펜젤러(Henry G. Appenzeller), 존 헤론(John W. Heron), 호레이스 알렌(Horace N. Allen)같이 잘 알려진 선교사들도 있습니다. 의료 선교사 윌리엄 홀(William Hall), 로제타 홀(Rosetta Hall), 셔우드 홀(Sherwood Hall) 선교사 등도 있습니다. 그들은 우리나라 사람들로 하여금 바른 걸음을 걷게 했고, 다른 길을 가던 발을 바른길로 옮겨 주었습니다.

가장 아름다운 발은 "좋은 소식을 전하며 평화를 공포하며 복된 좋은 소식을 가져오며 구원을 공포하며 시온을 향하여 이르기를 네 하나님이 통치하신다 하는 자의 산을 넘는 발"(사 52:7)입니다. 우리 하나님이 좋은 소식을 전하는 아름다운 우리의 발(롬 10:15)을 항상 인도하셔서, 메마른 곳에서도 우리 영혼을 만족하게 하시며 우리의 뼈를 견고하게 하시리니 우리는 물 댄 동산 같겠고 물이 끊어지지 아니하는 샘 같을 것입니다(사 58:11). 아름다운 발이 됩시다. 주님이 원하시는 곳을 향하고 그 자리를 딛고 든든히 섭시다. 그 발이 아름답습니다.

내 몸이 성전입니다

내 발을 봅시다. 내 발은 어떤 발입니까? 그리고 평생 걸어가신 우리 부모님의 발을 기억합시다. 그 발이 아름답게 느껴지고 기억이 납니까? 저는 장례식에서 입관할 때 고인의 손과 발을 많이 봅니다. 만져 보기도 합니다. 얼마나 수고한 발인가 싶습니다. 그러면서 제 발을 생각합니다. 이 세상을 떠나 하나님 나라에 갔을 때 주님이 제 발을 만져 주시면서 칭찬하고 위로하신다면 정말 좋겠습니다.

　내 발, 건강한 발로 가꿉시다. 내 발로 인해 누군가가 행복해지게 합시다. 내 자녀들이 따라와도 되는 발자취를 남기는 발이 가장 건강하고 아름다운 발입니다.

2부

성전으로의
삶을 살다

7. 장

의인을 시험하사 그 폐부와 심장을 보시는 만군의 여호와여
나의 사정을 주께 아뢰었사온즉 주께서 그들에게 보복하심을
나에게 보게 하옵소서 예레미야 20:12

보이지 않는 장, 잘 관리해야 합니다

1945년 8월 15일 광복 후 70여 년이 지났습니다. 오늘날 세상을 보면서 어떤 마음이 드십니까? 과연 우리는 진정한 광복을 이루었을까요? 끊임없이 이어지는 우리를 둘러싼 굴레가 있지 않습니까? 한동안 정치적 문제에 매달리다가 이제는 경제 문제가 우리를 압박합니다. 그 외에도 젠더, 인권 등 온갖 문제가 우리의 삶을 장악하고 있습니다. 그로써 우리로 하여금 벗어나야 할 것들이 과연 무엇인지를 계속해서 제시합니다.

언젠가부터 우리 사회에는 몸에 매달려 몸에 사로잡히는 흐름이 만들어졌습니다. 겨우 먹고사는 문제에 매달리는 시대가 아닙니다. 그렇다 보니 이제는 몸을 위해 삽니다. '몸짱'을 말하고 다이어트 산업이 그 규모를 키웠습니다. 동네 곳곳에 피트니스 센터가 생겼고 저비용으로 운동을 할 수 있게 되었습니다.

우리의 몸, 잘 가꿔야 합니다. 그러나 몸을 가꾸는 이유가 무엇입니까? 단지 내 몸을 자랑하고 오래 살기 위한 목적뿐이라면 괜찮을까요? 우리의 몸은 하나님 나라를 위해 살아야 하는데 말입니다. 물론 이를 위해 건강한 몸이 필요한 것이기도 합니다. 어쩌면 이 책에서 계속해서 같은 말을 하고 있는 듯 느껴질 수 있습니다. 그러나 몸을 다시 한 번 성경적으로 생각할 수 있는 기회로 삼읍시다.

사람과 관련된 모든 것 중에서 하나님이 창조하지 않으신 것이 없습니다. 우리 몸은 더욱 그렇습니다. 우리 속에 있는 모든 내장도 하나님이 지으셨습니다. 그리고 하나님은 우리의 폐와 장을 다 들여다보시는 분입니다. 우리 속은 의학적 스캔(엑스레이, CT, MRI 등)으로만 볼 수 있는 것이 아닙니다. 하나님은 다 보십니다.

그렇다면 우리의 장은 얼마나 건강하게 관리되고 있습니까? 내장은 한의학적 용어로 '오장육부'라고 합니다. 오장은 간장, 심장, 비장, 폐장, 신장을 말하며, 육부는 위, 대장, 소장, 쓸개, 방광, 방광에 속하는 삼초를 가리킵니다. 이 모든 장기는 우리 눈에 직접 보이지 않기에 관리하기가 쉽지 않습니다. '괜찮겠지' 하면서 방치될 수도 있습니다. 하지만 장은 우리 몸의 일부이며 내장이기에 더욱 중요합니다. 보이지 않는 장을 바르게 관리하고 더 아름답게 가꿔야 합니다.

시편 기자의 고백을 들어 보십시오.

> 주께서 내 내장을 지으시며 나의 모태에서 나를 만드셨나이다 시 139:13

우리의 내장은 주님의 창조물입니다. 하나님은 장을 비롯해 우리의 온몸을 모태에서 조성하셨고 우리로 생명으로 태어나게 하셨습니다. 그러므로 우리는 우리의 장을 바르게 관리해야 합니다. 하나님이 주신 것이기 때문입니다.

내 몸이 성전입니다

그런데 장은 속에 숨어서 보이지가 않습니다. 하나님은 왜 장이 우리 몸 깊숙이 자리 잡게 하셨을까요? 매우 중요하지만 손상되기 쉽고, 그만큼 약하기 때문입니다. 따라서 하나님이 태어날 때부터 속에 감추어 두셨습니다. 치밀한 보호 조치입니다. 그러므로 우리는 우리의 장을 잘 보존해야 합니다. 늘 보이지 않는 곳을 잘 관리해야 합니다. 보이지 않는 곳은 더욱 건강하게 관리해야 합니다. 멀쩡해 보이던 사람이 어느 날 갑자기 심장마비를 일으키기도 하지 않습니까.

이처럼 보이지 않는 장기에 문제가 일어나면 건강해 보이는 몸을 넘어뜨리고 만다는 사실을 늘 기억하십시오. 몸은 늘 볼 수 있기에 관리가 보다 용이합니다. 그러나 장은 볼 수 없기에 관리가 쉽지 않으며, 장 관리는 매우 큰 관심사입니다. 이를 위해 온갖 효과가 좋다는 방법이나 식품 또는 약품이 광고되고 있습니다.

그런데 이처럼 장 관리가 중요한 이유가 따로 있습니다. 하나님이 보시기 때문입니다. 하나님은 사람이 볼 수 없는 속을 보십니다. 내 속도 들여다보고 계십니다. 하나님은 "나 여호와는 심장을 살피며 폐부를 시험하고 각각 그의 행위와 그의 행실대로 보응하나니"(렘 17:10)라고 말씀하셨습니다. 하나님이 내 심장과 폐부를 깊숙이 들여다보신다는 뜻입니다. 그리고 우리 내면의 자세가 행위를 만들고, 그에 따라 하나님이 갚아 주신다는 의미입니다. 하나님은 우리 속을 보시고 적절하게 결과를 누리게 하십니다.

내장은 곧 마음입니다. 본문에서 알 수 있듯이, 하나님은 깊은 속을 들여다보십니다. 그리고 하나님은 우리의 속이 건강하면 대적들을 꺾겠다는 약속을 선지자를 통해 하셨습니다.

우리 속은 보이지 않지만 병원에서 스캔하면 볼 수 있습니다. 초음파, 엑스레이, CT 등 온갖 고가의 의료 장비를 사용해 온몸을 살피고 진단하는 일이 가능합니다. 보지 못하는 곳이 없을 정도입니다. 그러나 하나님이 우리의 장부를 보신다는 것이 문자 그대로 우리의 내장을 보신다는 의미이겠습니까? 보이지 않는 장처럼, 사람이 볼 수 없는 우리의 속을 보신다는 의미인 것입니다. 우리의 속은 우리의 마음이고, 중심이고, 영적 상태일 수도 있습니다.

사람들도 어느 정도는 압니다. 속이 드러날 수밖에 없기 때문입니다. '얼굴에 써 있다', '눈이 거짓말을 못한다'라는 말이 그런 이유로 나왔습니다. 사람은 말 한마디를 해도 속내가 어떤 방식으로든 드러나기 마련입니다. 일반적으로 한 단어를 말로 표현하는 데 650개의 근육 중 72개가 움직인다고 합니다. 그 근육들의 변화를 통해 감지할 수 있는 얼굴 색, 눈, 입 꼬리 등이 그의 마음 상태를 보여 줍니다. 그런데 하나님이 모르시겠습니까. 단지 사람과 하나님의 차이는, 하나님은 절대 오해하지 않으신다는 것입니다. 사람은 잘못 읽을 수 있습니다. 잘못된 신호가 가기도 합니다. 그러나 하나님은 정확하게 꿰뚫으십니다. 우리의 속, 중심을 보십니다.

3장에서 살펴보았듯이, 사무엘 선지자는 사울을 이어 이스라엘의 왕이 될 사람을 찾기 위해 베들레헴에 살고 있는 이새의 집을 찾아갔습니다. 맏아들 엘리압을 본 그는 감탄했고, 속으로 "여호와의 기름 부으실 자가 과연 주님 앞에 있도다"(삼상 16:6)라고 말했습니다. 그런데 하나님이 사무엘을 책망하셨습니다(삼상 16:7). 하나님은 자신이 보는 것이 무엇인지를 밝히셨습니다. 사무엘이 여타 보통 사람들과 똑같은 모습만 보았기 때문입니다.

하나님은 바로 중심을 보십니다. 보이지 않는 곳을 보십니다. 내 속을 보십니다. 그러므로 우리는 우리 속을 관리해야 합니다. 나도 잘 못 볼 수 있습니다. 내가 나를 모를 수 있습니다. 또 알아도 숨기려고 할 수 있습니다. 그러나 내가 나를 속여도 주님을 속일 수는 없습니다.

하나님이 내 속을 들여다보셔도 좋을 만한 속으로 가꿔야 합니다. 그것이 장 건강입니다. 여기서 장은 생물학적 내장이 아니라 영적 내장입니다. 내 속, 내 마음, 내 생각과 가치관을 관리하는 것은 건강한 그리스도인의 태도입니다. 하나님이 바로 그곳을 보시기 때문입니다. 그러므로 우리는 좋은 장기를 가지고 살아야 합니다.

주님의 마음으로 살 때 살 만한 세상이 됩니다

예수 그리스도의 심장을 생각해 봅시다. 사도 바울은 빌립보 성도들을 향해 "내가 예수 그리스도의 심장으로 너희 무리를 얼마나 사모하는지 하나님이 내 증인이시니라"(빌 1:8)라고 고백했습니다. 우리 역시 주님의 심장을 갖는 자세로 살아야 합니다. 내 속에 주님 같은 감정을 품어야 합니다. '동정'이란 같은 감정을 의미합니다. 아픈 사람과 함께 아파하고, 슬픈 사람과 함께 슬퍼하는 것입니다. 우리는 예수 그리스도의 심장을 닮아 가야 합니다. 그것은 사랑입니다. 애끓는 마음입니다. 사도 바울은 주님 같은 마음을 품었던 것입니다.

그런 이유로 심장은 달리 말하면 공감 능력이기도 합니다. 치안도 불안하고, 질서도 없고, 도둑질도 마다하지 않는 나라에서 어떻게든 복음을 전하고 천국을 알려 주기 원하는 마음, 그리고 그 땅 사람들에게 의료적 혜택을 베풀고 싶은 마음은 아픈 그들과의 공감에서 비롯합니다.

장이 끊어지는 아픔을 가리켜 '애간장을 태운다'고 표현합니다. 여기서 '애간장'의 '애'는 창자를 뜻하는 옛말이고, '간장'(肝腸)은 간을 의미합니다. 속이 타는 것입니다. 누군가의 아픔에 공감해 속이 타고 장이 끊어지는 것 같은 아픔을 느끼는 것입니다.

내 몸이 성전입니다

한산섬 달 밝은 밤에 수루(戍樓)에 혼자 앉아

큰 칼을 옆에 차고 깊은 시름 하는 차에

어디서 일성호가(一聲胡笳)는 남의 애를 끊나니

이순신 장군의 한시 "한산도가"를 노산 이은상 선생이 번역한 것으로, 어릴 적 교과서에서 읽었고 외웠던 시조입니다. 선조 28년(1595년) 임진왜란으로 온 나라가 혼란하던 시절, 진중에서 나라에 대한 걱정을 표출한 시조로 알려져 있습니다. 이순신 장군은 나라를 염려하는 마음으로 창자가 끊기는 것 같은 고통을 겪은 것입니다.

이미 우리 주님이 그런 마음을 우리에게 보여 주셨습니다. 그래서 우리 역시 함께 울고, 함께 웃는 공동의 감정을 가져야 하는 것입니다. 사도 바울의 권면을 보십시오.

즐거워하는 자들과 함께 즐거워하고 우는 자들과 함께 울라 롬 12:15

동정, 즉 같은 마음을 가져야 합니다. 예수님은 이 세상에서 사역하시는 동안 긍휼히 여기시고, 불쌍히 여기시고, 할 수 있는 모든 일을 하셨습니다(마 20:34; 막 1:41; 눅 7:13).

두 맹인이 예수님을 따라오며 "다윗의 자손이여 우리를 불쌍히 여기소서"(마 9:27)라고 하자 예수님은 그들이 원하는 대로 "그들이 목자 없는 양과 같이 고생하며 기진함이라"(마 9:36)라고 말씀하시며 그들을 불쌍히 여기셨습니다. 또한 예수님은 큰 무리를 보시고 불쌍히 여기사 그중에 있는 병자를 고쳐 주셨고(마 14:14), 말씀을 듣던 무리를 불쌍히 여기셔서 오병이어로 배불리 먹이셨습니다(마 15:32-38). 이것은 모두 주님의 심장입니다. 불쌍히 여기는 것은 바로 마음입니다. 우리의 신체로서는 장입니다. 심장이고 내장입니다.

우리는 때로 속이 상해 아프고, 심장이 뛰고, 가슴이 무너질 수 있습니다. 예수님은 멸망할 예루살렘 성읍을 보며 마음이 매우 아파 우셨습니다(눅 19:41-44). "예루살렘아 예루살렘아"(마 23:37) 하시며 슬픈 마음을 표현하셨습니다. 자기들의 죄로 무너지고 사라질 예루살렘 성읍을 장이 끊어지는 듯한 마음으로 애타게 바라보셨습니다. 그 예수님은 바라보기만 하신 것이 아닙니다. 그들을 살리기 위해 애쓰시고 깨우치셨습니다. 그리고 십자가에서 죽으셨습니다.

이처럼 누군가를 긍휼히 여길 수 있는 태도가 복입니다. 예수님을 닮았기 때문입니다. 예수님은 산상설교에서 "긍휼히 여기는 자는 복이 있나니 그들이 긍휼히 여김을 받을 것임이요"(마 5:7)라고 가르치셨습니다. 동정입니다. 내가 동정하면 주님도 나를 동정하십니다. 주님은 우리에게 동정하는 마음을 원하십니다.

예수님은 동정하는 마음을 '선한 사마리아 사람' 비유로 말씀

내 몸이 성전입니다

해 주셨습니다. 지나가던 사람들이 강도 만나 쓰러진 사람을 보았습니다. 그들은 각각 제사장, 레위 사람이었습니다. 그들은 보았지만 마음이 움직이지 않았습니다. 심장이 뛰지 않았습니다. 그러나 그들이 무시하고 사람 취급도 하지 않던 사마리아 사람은 강도 만나 쓰러진 사람을 보고는 가슴이 뛰었습니다. 마음이 떨렸습니다. 그를 불쌍히 여겼습니다(눅 10:33). 그래서 환자를 위한 최대한의 조치를 취했습니다. 하나님은 바로 이 같은 마음을 가진 사람을 찾으십니다.

예수님이 매우 심각하게 책망하신 말씀이 있습니다.

> 너희는 가서 내가 긍휼을 원하고 제사를 원하지 아니하노라 하신 뜻이 무엇인지 배우라 나는 의인을 부르러 온 것이 아니요 죄인을 부르러 왔노라 마 9:13

당시 종교인들은 긍휼이 아닌 정죄에 빨랐습니다. 정작 마음을 쓰고 손잡아 주어야 하는 사람들에게는 무관심했습니다. 그렇다 보니 가슴 따뜻한 삶을 살지 못했습니다. 그런 그들에게 예수님은 하나님이 긍휼을 원하신다고 말씀하셨습니다. 제사를 화려하고 성대하게 드리는 것보다 긍휼한 마음으로 이웃을 돌보는 태도를 원하신 것입니다. 그것이 제사이고, 예배이며, 하나님이 기뻐하시는 금식입니다(사 58:6-11).

하나님은 우리가 하나님이 말씀하신 진정한 금식에 합당한 삶을 살면 하나님의 놀라운 은총을 누릴 것을 약속하셨습니다. 하나님의 빛을 비추며 물 댄 동산 같은 삶, 물이 끊어지지 않는 샘 같은 삶을 살게 될 것이라고 말씀하셨습니다. 하나님은 긍휼히 여기는 사람을 긍휼히 여기십니다.

그래서 예수님은 껍데기뿐인 경건에, 제사라는 의식에만 매달리면서 긍휼을 베풀지 못하는 외식하는 종교인들을 향해 "화 있을진저 외식하는 서기관들과 바리새인들이여 너희가 박하와 회향과 근채의 십일조는 드리되 율법의 더 중한 바 정의와 긍휼과 믿음은 버렸도다 그러나 이것도 행하고 저것도 버리지 말아야 할지니라"(마 23:23)라고 책망하셨습니다. 그리고 불쌍히 여기지 않는 자들에게 똑같이 심판할 것을 말씀하셨습니다(마 18:33, 35).

따뜻한 내장을 가지고 살아갑시다. 우리의 심장은 따뜻하고 늘 뛰어야 합니다. 주님이 불쌍히 여기시면 문제가 해결됩니다. 물론 우리는 문제를 해결할 만한 능력이 없습니다. 그러나 동정하고 불쌍히 여기면 상대가 따뜻함을 느끼게 됩니다. 이 땅이 살 만한 세상으로 바뀝니다. 심장이 하는 일입니다. 마음은 놀라운 힘이 있습니다.

내 몸이 성전입니다

나는 주님께 심장 같은 존재인가요

1장에서 언급했던 아프리카 선교사 데이비드 리빙스턴의 이야기를 조금 더 살펴보고자 합니다. 그는 1873년 5월 1일, 극도로 쇠약해진 데다 병환으로 뱅웰루 호반에서 60세의 나이에 천국에 갔습니다.

아프리카 사람들은 그를 미라로 만들었습니다. 현재 그의 심장은 (영국왕립지리학회에서 보존하고 있다는 설이 있으나) 잠비아 북부에 있는 치푼두라는 동네의 족장 집에 심긴 무푼두나무 아래에 묻혀 있습니다. 그리고 그의 몸은 약 2,000km의 거리를 이동해 지금의 탄자니아 수도 다르에스살람까지 운구되었습니다. 운구 과정에 많은 위험과 어려움이 있었고 생명의 위협까지 느껴져 많은 사람이 도망을 갔습니다. 하지만 오직 잠비아의 두 청년 제임스 추마(James Chuma)와 압둘라 수시(Abdullah Susi)는 끝까지 리빙스턴의 시신을 지켰습니다. 한편 그렇게 영국에 온 리빙스턴의 장례는 성공회 교회인 웨스트민스터 사원에서 국장으로 치러졌고 그의 시신은 그곳에 묻혔습니다.

심장은 리빙스턴의 사랑을 상징적으로 보여 줍니다. 리빙스턴의 심장을 쏟는 마음을 이해한 두 아프리카 원주민의 리빙스턴에 대한 또 하나의 깊은 사랑은 그들의 심장을 나눈 것과 같습니다. 리빙스턴의 그 애끓는 마음을 알고 고마워한 것입니다.

우리나라에 온 선교사들도 그런 심장을 가졌습니다. 주님의 마음으로 이 땅을 애타게 바라본 것입니다. 자신들을 이상하게 보고 배타적으로 여겨 받아들이지 못하는 조선 사람들을 주님의 마음으로 본 것입니다. 즉 유대인들을 안타깝게 보시던 주님의 마음을 가진 것입니다. 산정현교회도 이런 마음으로 아이티 사역을 시작했습니다.

아이티 사역은 매우 힘들지만, 그래도 현지 선교사님과 사역을 위해 몸부림치고 있습니다. 아무리 가난한 나라지만 있어야 할 것은 있어야겠기에 그동안 시설 투자를 했습니다. 그레이스 클리닉(Grace Clinic) 봉헌 예배를 드린 후에도 어려운 가운데 대기실 벽과 지붕, 바닥, 화장실 2개, 물탱크, 클리닉 내부에 방 3개를 만들었습니다. 대문도 만들고 주변 정리도 했습니다. 내부 수납 가구들, 의료 용품 구입 등을 꾸준히 했습니다. 고비용, 저효율처럼 생각될 수 있습니다. 그러나 우리나라를 찾아온 선교사들도 동일했을 것이며, 주님도 마찬가지셨을 것입니다.

앞으로 의사, 간호사, 약사, 관리인, 청소부 등을 고용하기 위한 비용이 더 필요합니다. 그러나 주님의 심장으로 우리를 섬긴 선교사들 덕분에 오늘날 우리나라가 지금의 모습으로 발돋움했듯이, 아이티도 변화되기를 기도합니다. 우리의 마음이 그곳에 늘 향하면 좋겠습니다.

아울러 꼭 짚고 넘어가야 할 인물이 있습니다. 사도 바울은 빌레몬에게 오네시모라는 종을 돌려보내면서 그를 "내 심복이라"(몬 1:12)고 소개했습니다. 원어에서는 '심복'에 내장, 심장 등의 의미가 포함되어 있습니다. 영어로는 'heart'로 번역되어 있습니다. 내장을 의미하는 단어가 심복인 것입니다. 오네시모는 사도 바울에게 소중한 존재, 몸속의 내장과 같은 사람이라는 의미입니다. 우리도 주님께 심장 같은 존재가 되어야 합니다. 그러면 주님이 가장 귀하게 여기시고 보호하시며 책임지실 것입니다.

주님이 나를 심장처럼 중요하게 여기실지를 생각합시다. 주님께 가장 소중한 사람으로 살아갑시다. 그리고 주님이 애끓는 마음으로 세상을 사랑하시고 사람을 사랑하신 것과 같은 마음을 갖고 살아갑시다. 주님의 심장, 주님의 장으로 삽시다.

머리로 말고 애끓는 가슴으로 합시다

광복의 그날을 생각해 봅니다. 우리에게 어떻게 그날이 왔습니까? 어떻게 우리가 빛을 보게 되었습니까? 애끓는 마음으로 세상을 보고, 애끓는 마음으로 나라를 사랑하고 민족을 위한 이들이 놀랍게 이 세상을 밝혔습니다. 이제는 우리가 이 세상을 애끓는 마음으로 사랑해야 합니다. 여기는 우리나라입니다. 우리의 심장이 세상을 품고 이 나라를 사랑하고 애끓는 마음으로 섬겨야 합니다. 그럴 때 하나님이 저 북한 땅에도 광복의 날을 주실 것입니다.

북한도 우리 땅입니다. 헌법상에도 우리 영토입니다. 우리나라의 영토는 한반도와 부속도서로 되어 있습니다. 그런데 우리의 장은 휴전선에서 끊깁니다. 거기서 멈춰 버렸습니다. 우리의 심장이 북한을 위해 아직 끓지 않았습니다. 그래서 아직도 그 땅이 어둠에 갇혀 있는 것입니다. 풀어냅시다. 우리의 마음, 심장, 우리의 장이 끓어올라야 합니다. 애끓는 심장을 가지면 그 모습을 보신 주님이 길을 여실 것입니다.

특히 젊은이들에게 권면하고 싶습니다. 누군가가 희망을 안겨 주는 것이 아닙니다. 열정을 가지고 자신의 인생을 여십시오. 온몸을 움직이는 진정한 엔진인 심장이 펄떡거리며 뛰어야 합니다. 내일을 생각하면 가슴이 설레야 합니다. 그 심장을 보신 주님이 나로 하여금 세상을 움직일 힘을 얻게 하실 것입니다.

데이비드 리빙스턴 선교사에 관한 이야기를 이어 하겠습니다. 그는 1813년 3월 19일 스코틀랜드 블랜타이어에서 노동자의 아들로 태어났습니다. 리빙스턴의 가정은 2세대에 걸쳐 방적 공장에서 일해 왔으며, 그도 당연히 가업을 이어야 했을 것입니다. 그러나 리빙스턴은 꿈을 꾸었고, 온몸을 주님께 바치겠다고 다짐했습니다. 그리고 그 길이 열렸습니다.

18-19세기 영국에는 복음주의적인 교인들의 열정에 의해서

내 몸이 성전입니다

해외선교회나 런던선교회 등 선교회들이 설립되었는데, 리빙스턴도 처음엔 중국 의료 선교사를 꿈꾸었습니다. 그는 공장에서 일을 하면서 독학하여 신학과 의학을 공부했습니다. 아편전쟁으로 중국에 선교사로 갈 수 없게 되자 1840년 런던전도협회의 의료 전도사로서 아프리카로 떠났고, 이후 역사적 인물이 되었습니다. 리빙스턴의 선교를 향한 뜨거운 심장이 그의 길을 연 것입니다.

머리로 하지 맙시다. 심장으로 합시다. 가슴입니다. 차가운 이성이 아닌 뜨거운 열정이 필요합니다. 애끓는 마음으로 기도하면 하나님이 회복시키시고 길을 열어 주시리라 믿습니다.

8. 피

54 내 살을 먹고 내 피를 마시는 자는 영생을 가졌고 마지막
   날에 내가 그를 다시 살리리니
55 내 살은 참된 양식이요 내 피는 참된 음료로다
   요한복음 6:54-55

피는 생명입니다

4복음서 모두에 나오는 중요한 예수님의 사역이 오병이어의 기적입니다. 마태, 마가, 누가, 요한까지 이 기적을 다룬 이유는 그만큼 중요하기 때문입니다. 각 복음서가 독특한 특징을 가지지만, 그 독특함에 모두 필요한 예수님의 사역인 것입니다.

오병이어의 기적은 예수님이 이 땅에 오신 이유를 담고 있습니다. 이 같은 오병이어의 기적 후에 예수님이 하신 말씀이 '살과 피'에 대한 내용입니다. 본문은 그 일부입니다. 예수님이 이 땅에 오신 목적은 십자가에서 죽으사 인간에게 배고픔과 목마름을 해결해 주듯 구원의 은총을 베푸시기 위함입니다.

이제 피에 대해서 살펴보겠습니다. 피는 사람에게 매우 중요합니다. 성경은 피를 중요하게 여기며, 생명으로 규정합니다. 성경 전체가 그리스도의 피를 중심으로 기록되었기 때문에, 창세기부터 요한계시록까지 "피"는 중요한 주제로 자리 잡고 있습니다.

하나님이 노아에게 동물을 먹도록 허용하시면서 금하신 것이 바로 피입니다.

> 그러나 고기를 그 생명 되는 피째 먹지 말 것이니라 내가 반드시 너희의 피 곧 너희의 생명의 피를 찾으리니 짐승이면 그 짐승에게서, 사람이나 사람의 형제면 그에게서 그의 생명을 찾으리라 창 9:4-5

이 말씀이 율법에 그대로 담겼습니다(레 17:14; 신 12:23). 이는 피를 소중하게 여기도록 하신 하나님의 조치입니다. 그래서 지금도 율법 아래 있는 유대인들 중 철저한 종교인들은 피를 완전히 빼고 조리한 고기만 먹습니다. 피는 중요한 생명의 근원이기 때문입니다.

사람의 몸에 흐르는 피를 생각해 봅시다. 일반적으로 체중이 70kg인 사람의 피의 양은 약 5.2리터입니다. 심장은 평생 약 27억 회 뛰며 3억 3,100만 리터(165만 5,000개의 드럼통, 1드럼=200리터)의 피를 퍼내며, 하루에 약 300리터의 피를 퍼냅니다. 적혈구는 골수에서 매초 약 2만 개씩 생산됩니다. 적혈구의 수명은 120-130일 정도입니다. 골수는 평생 동안 약 반 톤가량의 적혈구를 만들어 낸다고 하니 참 신비합니다.

우리는 피로 말미암아 살고 있으며, 피가 없으면 죽습니다. 외상을 입었을 때 죽을 정도로 다치지 않더라도 지혈을 제때 하지 못하면 쇼크사하고 맙니다. 또 모세혈관을 통해 온몸 끝까지 피가 흘러야 하지, 그렇지 못하면 몸이 망가집니다. 피는 모든 필요한 에너지를 온몸 곳곳에 공급해 주기 때문입니다.

아울러 피는 예수님을 믿는 그리스도인에게는 영적으로도 중요합니다. 영적인 피 없이는 죽습니다. 우리에게 영적인 피는 무엇일까요? 오병이어로 사람들을 배불리 먹이신 후 예수님은 당신의 살과 피가 우리 삶의 진정한 양식이고 음료라고 말씀하셨습니다. 십자가를 앞두고 제자들과 마지막 만찬을 하시면서 주신 말씀 역시 예수님의 살과 피였습니다(눅 22:19-20).

이처럼 피의 중요성은 하나님이 이미 출애굽 당시에 보여 주셨습니다. 그 상징적 의미가 출애굽 사건에 담겨 있는 것입니다. 하나님이 애굽 전역에 장자가 죽는 재앙을 내리셨을 때 좌우 문설주와 인방에 어린양의 피를 바른 이스라엘 백성의 장자는 죽지 않았고 출애굽의 기쁨을 누릴 수 있었습니다. 하나님의 사자가 어린양의 피를 보고 그 집을 뛰어넘음으로(유월) 죽음을 피했던 것입니다(출 12:13). 이것이 유월절의 기원입니다. 어린양의 피가 바로 예수 그리스도의 피를 상징적으로 예표한 것입니다.

오병이어의 기적 후 예수님은 마지막 만찬에서 피를 언급하셨습니다. 그 피로 우리가 산다고 하셨습니다. 그 피는 음료와 같다고 하셨습니다. 피는 온몸에 흐르면서 구석구석에 산소를 실어 나르고 영양분을 공급합니다. 그 피가 온몸으로 통하게 하는 혈관도 중요합니다. 건강한 혈관은 피가 원활하게 흐르게 합니다.

주님의 생명의 피가 곳곳에 적용되어야 합니다. 예수 그리스도의 피로 구원받은 우리 삶의 모든 영역에 주님의 피가 흘러야 합니다. 그 피는 그리스도인다운 가치입니다. 만약 우리 삶의 어떤 영역에서는 그리스도인다운 가치와 원칙이 전혀 적용되지 못한다면 우리의 삶은 온전하다고 볼 수 없습니다. 어떤 곳에는 피가 가지 못해 썩을 수 있습니다. 혈관이 파열되면 심각한 문제를 일으키듯이, 그리스도인의 삶의 어떤 영역 역시 말씀대로, 신앙대로 움직이지 않으면 꼬이고 부수어질 수 있습니다. 예수 그리스도의 피는 곧 생명입니다. 주님의 피가 없다면, 그분의 피를 믿지 않는다면 죽음입니다.

그리고 무엇보다 우리에게는 건강한 피가 필요합니다. 온갖 영양분이 피를 통해 공급되어야 하는데 찌꺼기가 흘러 다니고 콜레스테롤 수치가 높으면 위험합니다. 건강한 섭식에, 건강한 관리가 필요합니다. 우리의 영적 피도 건강해야 합니다. 하나님의 말씀이 우리의 삶에 순수하게 흘러야 합니다. 주님의 말씀에 이런저런 세속적 가치관이 섞여서는 안 됩니다. 불순물이 없도록 주의해야 합니다.

우리의 몸에 있는 장기 중 신장은 어떤 기능을 할까요? 피를 걸러 냅니다. 동맥 혈압에 의해 혈액이 사구체의 모세혈관을 거쳐 네프론 속에서 걸러지게 됩니다. 네프론은 한쪽 신장에 약 100만 개가 있는데 이것을 통해 혈액을 여과시킵니다. 그래서 몸에 필요한 물질은 혈액으로 재흡수시키고 나머지는 소변으로 배출합니다. 우리 몸의 내부 환경을 일정하게 유지시켜 주는 것입니다. 참 기가 막힌 몸입니다. 하나님이 우리 몸을 이처럼 세밀하게 창조하셨습니다.

그런데 신장이 고장나서 제대로 작동하지 못하면 인공적으로라도 피를 걸러 내야 합니다. 영적으로도 필터가 제대로 작동해야 합니다. 묵상의 시간은 영적인 피를 거르는 방법입니다. 우리는 말씀 앞에서 기도하면서 스스로 걸러 내야 합니다. 그렇지 않으면 인공적으로 외부에서 거르게 됩니다. 그 대표적인 예가 하나님이 다윗의 불순물을 제거하기 위해 나단 선지자를 보내신 일입니다.

우리는 성경적 사고로 바로 서야 합니다. 우리의 피에 불순물이 섞여선 안 됩니다. 세속적 사고에 물들지 마십시오. 성경으로 걸러 내야 합니다. 성경은 신장과 같습니다. 말씀은 신장의 역할, 특히 신장의 사구체에 있는 네프론 역할을 합니다. 성경에 기록된 말씀으로 걸러 내야만 영적 피가 깨끗해집니다. 그러므로 우리는 말씀만을 삶의 기준, 사고의 기준으로 삼아야 합니다.

이를 가리켜 '계시 의존 사고'라고 합니다. 계시된 말씀에 의해 사고하고 판단하고 선택해야 한다는 뜻입니다. 그로써 건강한 영적 피를 유지해야 합니다. 오염된 불순물을 성경이라는 신장으로 걸러 내십시오. 제발 성경적 가치 외의 불순물은 걸러 내서 소변이 배출되듯 버리십시오. 그렇게 하지 않으면 우리의 몸은 독소로 인해 파괴될 것입니다.

그리스도의 피가 흐르고 있습니까

우리는 건강관리를 위해 혈액 검사를 합니다. 혈액 검사만으로 몸의 많은 문제를 찾아내기도 합니다. 영적 혈액 검사도 필요합니다. 기준은 말씀입니다. 나의 피와도 같은 내 속에 흐르는 생각과 가치를 말씀 위에 올려놓고 검사해야 합니다. 이를 위해서는 설교를 들을 때 그 말씀이 사실인지 의심할 필요가 있습니다. 이단에 끌려가는 것이 바로 의심하지 않고 맹신하기에 생기는 현상입니다.

물론 우리는 하나님의 말씀을 믿음으로 받아야 합니다. 그것은 기록된 말씀에 대한 바른 태도입니다. 그러나 사람의 해석은 검증해야 합니다. 성경을 읽고 묵상해 잘못된 가르침이 들어오지 못하게 주의해야 합니다. 사도행전에서 사도 바울이 만난 베뢰아 지역 사람들은 말씀을 깊이 묵상하면서 바른 말씀을 분별했습니다.

> 베뢰아에 있는 사람들은 데살로니가에 있는 사람들보다 더 너그러워서 간절한 마음으로 말씀을 받고 이것이 그러한가 하여 날마다 성경을 상고하므로 행 17:11

또한 사도 요한은 거짓된 선지자들의 잘못된 가르침을 지적하

내 몸이 성전입니다

면서 "사랑하는 자들아 영을 다 믿지 말고 오직 영들이 하나님께 속하였나 분별하라 많은 거짓 선지자가 세상에 나왔음이라"(요일 4:1)라고 경고했습니다. 말씀을 분별하기 위해서는 말씀을 읽고 묵상해야 하며, 내 안에 '하나님 말씀'이라는 기준이 건강하게 자리 잡게 해야 합니다. 그렇지 않으면 바로 서기가 힘듭니다.

영적 혈액 검사를 자주 하십시오. 자기 분석을 해야 합니다. "중요한 순간에 말씀이 생각나는가?", "믿음을 빙자해 내 욕망을 챙기는 것은 아닌가?", "이기고 싶은 승부욕만 발동한 것은 아닌가?" 등 몇 가지 항목으로 영적 혈액 검사가 가능합니다.

주님의 피가 흐르고 있습니까? 주님의 말씀에 담긴 영양분이 주님의 피를 통해 내 삶 구석구석에 공급되고 있는지요? 그 피가 말초 혈관까지 흘러야 합니다. 그렇지 않으면 생명이 위험합니다.

죄와 피 흘리기까지 싸워야 합니다

그리스도인은 영적 전쟁터에 있습니다. 전쟁터 한복판에서 영적 군사로서 싸움을 하고 있는 형편입니다. 우리는 치열한 영적 전쟁에서 반드시 승리해야 합니다. 피 흘리기까지 싸워 죄를 몰아내야 합니다. 하나님은 적당하게 타협하면서 몸을 사리는 것에 대해 경고하셨습니다(히 12:4). 피를 흘릴 정도로 싸워서라도 생명을 지켜 내야 합니다. 나와 싸워야 합니다.

적혈구와 백혈구에는 각각의 역할이 있습니다. 적혈구는 우리 몸에 힘이 되는 산소를 공급합니다. 에너지를 끊임없이 전달합니다. 백혈구는 우리 몸의 면역을 키우고 몸에 침투한 온갖 적을 해결합니다. 면역력 증진과 항체를 형성하는 역할을 합니다.

그리스도인에게는 영적 피의 기능이 필요합니다. 내 삶에 활력을 불어넣을 수 있는 영적 산소 공급이 매우 중요합니다. 구석구석 영적 에너지가 공급되어야 건강한 몸을 유지할 수 있습니다. 아울러 우리 안에 온갖 육체의 정욕과 하나님이 기뻐하실 수 없는 생각이 자리 잡을 때 몰아낼 힘이 있어야 합니다. 영적 면역력입니다. 죄에 대한 저항 능력입니다.

우리는 피를 흘리면서 싸워 생명을 보존해야 합니다. 그대로 밀려나고 내 안에 자리를 내주면 내 생명 자체가 존재할 수 없습니다. 죽습니다. 영적으로 이길 수 있는 생동감과 힘이 필요합니다. 영적 피가 그 일을 합니다. 영적 피의 경우 적혈구나 백혈구의 역할을 하는 것은 오직 말씀입니다. 하나님의 말씀이 우리에게 양식이고, 하나님의 말씀이 우리를 건강하게 합니다. 아울러 말씀의 칼은 우리 안에 침투한 영적 세균이나 질병과 싸워 막아냅니다. 예수님도 말씀으로 승리하셨습니다.

사도 바울은 영적 전쟁을 하는 그리스도인들이 말씀, 곧 성령의 검으로 이겨야 한다고 강조했습니다.

내 몸이 성전입니다

주님의 말씀 칼을 잘 사용하면 세상의 흐름을 이길 수 있습니다. 적, 즉 우리의 정신과 가치관을 혼잡스럽게 하는 세상의 트렌드에 칼을 들이대십시오. 싸워 이겨야 합니다.

우리는 내 피가 소중한 줄 안다면 남의 피도 존중해야 합니다. 피를 많이 흘리면 죽습니다. '출혈'이라는 말에는 '손해 보는 것', '부담이 많은 일'이라는 의미가 담겨 있습니다. 남의 피라고, 내 피가 아니라고 함부로 피 흘리게 해서는 안 됩니다. 누군가가 나로 인해 출혈이 심하지 않게 해야 합니다.

그럼에도 악한 인간은 직접적으로 피를 흘리게도 합니다. 가인은 동생 아벨의 피를 흘리게 했습니다. 아벨의 피가 땅에서부터 하나님께 호소했고(창 4:10), 하나님은 가인을 징벌하셨습니다. 남의 피를 흘린 또 다른 대표적인 인물들은 아합왕과 그의 아내 이세벨입니다. 그들은 나봇에게서 포도원을 빼앗기 위해 그를 죽였습니다.

포도원이 대체 무엇이기에 사람을 죽여서 빼앗겠습니까. 그런데 정말 그런 사람들이 있습니다. 내 피는 한 방울만 흘러도 쩔쩔매면서, 남의 피는 쏟아지는데도 눈 하나 깜짝하지 않는 불행한 인생들입니다. 결국은 늘 같습니다. 하나님은 가인에게 하신 것처럼 억울하게 죽은 나봇의 피에 대해 갚으셨습니다.

너는 그에게 말하여 이르기를 여호와의 말씀이 네가 죽이고 또 빼앗았느
냐고 하셨다 하고 또 그에게 이르기를 여호와의 말씀이 개들이 나봇의
피를 핥은 곳에서 개들이 네 피 곧 네 몸의 피도 핥으리라 하였다 하라

왕상 21:19

하나님은 지금도 그렇게 하십니다. 하나님은 "다른 사람의 피
를 흘리면 그 사람의 피도 흘릴 것이니 이는 하나님이 자기 형상
대로 사람을 지으셨음이니라"(창 9:6)고 우리에게 경고하십니다.
하나님이 싫어하시는 죄인들이 바로 피 흘리기를 즐기는 자들입
니다(시 5:6, 139:19). 피 흘리기를 즐겨 하는 자는 악인입니다. 하나
님이 반드시 갚으실 것입니다(잠 1:18, 29:10). 하나님은 피에 대하
여 피로 갚으십니다.

심지어 예수님의 피를 흘리기 위해 작당한 자들도 있었습니다
(시 94:21-22). 예수님 당시 종교인들은 시편의 말씀대로 그분을 죽
여 피 흘리게 할 방법을 찾기 위해 못된 생각을 모의했고, 결국
예수님의 피를 흘리게 하고 말았습니다. 예수님을 십자가에 죽이
면서 그 피를 자기들과 후손에게 돌리라고 소리 지르기까지 했
습니다(마 27:25). 하나님은 무죄하신 예수님의 피를 흘리게 한 자
들을 후손까지 대대로 심판하셨습니다. 이스라엘은 모두 무너졌
고, 예루살렘 성전까지 짓밟혔습니다.

우리가 모르는 사이에 누군가 피 흘리는 일이 없도록 조심해

내 몸이 성전입니다

야 합니다. 피는 상징입니다. 피처럼 소중한 돈이든, 힘이든, 그 어떤 것도 내 것으로 만들겠다며 누군가를 피 흘리게 해서는 안 됩니다.

나의 피 흘림으로 생명을 살립시다

더 나아가 우리는 예수님처럼, 그리고 예수님이 하신 말씀처럼 살아야 합니다.

> 저녁 먹은 후에 잔도 그와 같이 하여 이르시되 이 잔은 내 피로 세우는 새 언약이니 곧 너희를 위하여 붓는 것이라 눅 22:20

예수님은 자신의 피를 부어 제자들을 살리셨고, 우리에게 생명을 주셨습니다. 우리는 남의 피를 흘리는 것이 아니라, 오히려 내 피를 흘리는 희생과 헌신의 삶을 살아야 합니다. 예수님이 하셨듯이 우리도 차라리 내 피를 흘려 누군가를 살리는 삶을 삽시다. 물론 이는 실제로 피를 흘린다는 의미가 아니라, 피처럼 소중한 것을 희생하는 일을 의미합니다. 그래서 내 피를 통해 누군가가 살기도 합니다.

피가 모자라 위험해지는 사람들이 있습니다. 그들은 수혈을 받아야 살 수 있습니다. 그 피는 헌혈로 충당합니다. 그런 의미에서 헌혈은 누군가에게 생명을 나눠 주는 일입니다. 저는 헌혈을 열심히 했습니다. 헌혈하는 시간에 나를 위해 피를 주신 예수님을 생각할 수 있었습니다. 피는 생명입니다. 내 피도 소중하고, 이웃의 피도 소중합니다. 내 피를 흘릴지언정 누군가의 피를 흘리는 일이 없도록 조심해야 합니다. 아울러 내 피를 통해 누군가를 살리는, 주님을 닮은 모습을 드러내야 합니다.

우리는 피처럼 소중한 것을 희생하면서 주님의 일을 하곤 합니다. 내 피 같은 돈, 피처럼 소중한 나의 소유물을 누군가를 위해 줄 수 있습니다. 그래서 누군가가 공부하게 되고, 밥도 먹게 되고, 희망을 찾게 되는 삶을 추구해야 합니다. 피는 우리의 소중한 힘입니다.

그런데 피에는 특징이 있습니다. 헌혈하면 피가 줄어들고 사라지는 것이 아닙니다. 다시 채워집니다. 깨끗한 피가 새롭게 내 혈관에 흐릅니다. 헌혈 후 적절한 건강 상태도 알 수 있습니다. 기본적인 검사를 하고 그 결과를 통보해 주기 때문입니다. 또 헌혈을 하면 혈류를 개선할 수도 있다고 합니다. 헌혈을 하면 0.25g 정도의 철분이 손실되지만 식사를 하면 금방 보충됩니다. 그리고 철분이 지나치게 많은 경우 몸에 부담을 줄 수 있는데, 헌혈이 철분 수치의 균형을 잡아 준다고 합니다.

이처럼 헌혈은 건강에 도움이 되고, 심지어 수명 연장까지 가

내 몸이 성전입니다

능하게 합니다. 〈건강심리학저널〉에 실린 연구 결과에 의하면, 봉사활동을 하면 사망률이 떨어진다고 합니다. 헌혈을 통해 누군 가를 위해 봉사한다는 생각이 수명 연장에 도움이 되는 것입니다. 저도 헌혈을 할 때 한 번도 어지럽거나 피가 모자란다는 느낌이 든 적이 없습니다. 오히려 행복했습니다. 마찬가지입니다. 돈, 힘, 그 외 무엇이든 귀하게 쓰고 나누면 줄어들고 사라지는 것이 아닙니다. 건강하고 아름답게 사용했다면 그 무엇이든 반드시 새롭게 채워집니다. 하나님이 더 풍성하게 채우십니다.

> 주라 그리하면 너희에게 줄 것이니 곧 후히 되어 누르고 흔들어 넘치도 록 하여 너희에게 안겨 주리라 너희가 헤아리는 그 헤아림으로 너희도 헤아림을 도로 받을 것이니라 눅 6:38

예수님의 약속이며 보증입니다. 주님이 반드시 채우십니다.

댐이 가둬 두었던 물을 적절하게 흘리지 않으면 결국 재앙이 됩니다. 하나님은 비우면 채우시는 분입니다. 그분이 채우시도록 우리는 비웁시다. 비는 하늘에서 옵니다. 그 비를 가둬 두고 활용 하는 것은 인간입니다. 바르게 활용하고 운용하면 놀라운 에너지 가 됩니다. 그러나 잘못 사용하면 재앙입니다.

지금 우리나라뿐 아니라 온 세상이 코로나19로 인한 팬데믹 현상으로 인해 고통 중에 있습니다. 그리스도인인 우리가 온 세상을 복음과 사랑으로 덮었어야 하는데 그렇게 하지 못하니 전염병이 덮고 말았습니다. 불행한 사태에 대한 책임 의식을 가져야 합니다. 이제라도 우리가 사랑이 담긴 피처럼 소중한 섬김으로 세상을 치유하며 더 아름답게 만들어야 합니다.

아울러 젊은이들이 좌절하고 있는 요즘입니다. 희망이 없다며 절망하고 있습니다. 그러나 정말 희망이 없을까요? 희망은 내가 만들어야 합니다. 좋은 꿈을 꾸십시오. 온 세상을 내 피를 흘려서라도 건강하게 만들겠다는 꿈을 품고 그 꿈을 펼칩시다. 돈 벌고 집 사는 꿈도 소중합니다. 하지만 그뿐이어서는 안 됩니다. 그렇기 때문에 희망이 없는 것입니다. 내가 세상을 바꿀 건강한 꿈을 꾸면 하나님이 그 희망이 펼쳐질 날이 오게 하십니다. 내 피를 흘려서라도 세상을 바꾸고, 세상을 치유하며, 세상이 하나님 나라가 되도록 하겠다는 건강한 꿈이 나를 통해 이루어지는 하나님의 역사를 보게 될 것입니다.

건강한 피가 내 안에 자리 잡으면 생산적이고 창조적인 희망을 갖고 이를 위해 열심히 살 수 있습니다. 앞 장에서 장, 그중에서도 심장을 살폈습니다. 심장에서 흘러 나가는 피가 나의 온몸에 영양을 공급하고 기능을 활성화하도록 해 줍니다. 그리스도인의 영적 피는 심장 같으신 주님으로부터 받은 것입니다. 그러므로 피가 온몸에 제대로 흐르고 구석구석에 영양분을 공급하게 해야 합니다.

내 몸이 성전입니다

우리의 온몸이 피로 인해 건강하게 기능하는지 살핍시다. 그리고 영적 건강을 위해 깨끗한 피를 유지해 갑시다. 이 세상을 살다 보면 영적으로 맑고 깨끗한 피를 유지하기가 쉽지 않습니다. 그러므로 성경을 기준으로 잘 걸러 내며 건강한 영성을 유지합시다. 몸에 흐르는 피도, 영적 피도 잘 관리하며 영육 간에 건강하기를 축복합니다.

9. 뼈

23 지혜로운 자의 마음은 그의 입을 슬기롭게 하고 또 그의 입
술에 지식을 더하느니라
24 선한 말은 꿀송이 같아서 마음에 달고 뼈에 양약이 되느니라
잠언 16:23-24

뼈는 몸을 지탱하는 프레임입니다

이 장에서는 뼈를 살피면서 우리의 영적 뼈대를 든든히 하기를 원합니다. 본문 말씀에 등장하는 뼈는 실제적인 우리 몸의 뼈를 말합니다. 살이든 뼈든 우리 몸은 정신이나 영적 상태에 따라 많이 달라질 수 있다는 의미입니다.

몸은 정신과 마음에 영향을 받습니다. 말 한마디로 뼈가 든든해지듯 몸의 건강 상태도 바뀔 수 있습니다. 따라서 '뼈에 양약'이라는 말의 의미는 좋은 말이 마음이나 몸, 그중에서도 뼈에 좋은 약이 될 정도로 유익하다는 뜻입니다.

우리 몸에 뼈가 모두 몇 개일까요? 신생아 때는 약 450개에 달하지만 성장하면서 서로 뭉치고 합쳐져 모두 206개가 됩니다. 그중에서 가장 긴 뼈는 넓적다리에 있는 대퇴골로 길이가 50cm 안팎이며, 가장 작은 뼈는 귓속뼈 가운데 가장 안쪽에 있는 등자뼈로 2mm 정도밖에 되지 않습니다.

이렇게 많은 뼈를 가진 우리 몸이 잘 유지되기 위해서는 뼈가 든든해야 합니다. 사람의 몸에서 골격을 이루는 뼈가 매우 중요한 신체 기관임은 더 말할 필요가 없을 것입니다. 우리의 몸을 지탱하는 뼈가 건강해야 건강한 삶을 누릴 수 있습니다.

성경에도 뼈 이야기가 많이 나옵니다. 우선, 욥기에 나오는 뼈 아픈 이야기를 봅시다. 욥의 고난은 많이 알려져 있습니다. 사탄이 매우 훌륭한 신앙을 가진 욥을 시기해 넘어뜨리려고 했습니다. 그래서 하나님께 "이제 주의 손을 펴서 그의 뼈와 살을 치소서 그리하시면 틀림없이 주를 향하여 욕하지 않겠나이까"(욥 2:5)라고 건의했습니다.

뼈와 살을 치라는 요구입니다. 몸에 병이 들게 하라는 것입니다. 욥을 무너뜨리려는 사탄의 계략입니다. 이처럼 사탄은 우리의 뼈를 공격합니다. 뼈나 살에 병이 들면 그 인생이 무너질 수 있기 때문입니다. 뼈나 살은 우리 몸 중 일부이지만 뼈나 살이 고통스러우면 신앙도 붕괴될 수 있다는 것이 사탄의 생각이었습니다.

사탄은 성공하는 듯 보였습니다. 이어지는 욥의 고통스러운 고백을 들어 보십시오.

> 주께서 꿈으로 나를 놀라게 하시고 환상으로 나를 두렵게 하시나이다
> 이러므로 내 마음이 뼈를 깎는 고통을 겪느니 차라리 숨이 막히는 것과
> 죽는 것을 택하리이다 욥 7:14-15

뼈를 깎는 고통에 숨이 막혀 죽는 편이 더 낫다는 생각이 들 정도로 극심한 고통이 임했습니다.

사탄이 뼈를 치는 데는 다 이유가 있습니다. 뼈는 몸을 지탱하는 매우 중요한 역할을 하기 때문입니다. 따라서 뼈가 아프면 온몸이 붕괴되는 것 같습니다. 사람이 느끼는 가장 큰 고통을 '뼈를

내 몸이 성전입니다

깎는 고통'으로 묘사합니다. 뼈가 무너지면 몸도 무너집니다. 그러므로 우리는 우리의 몸을 지탱하는 가장 중요한 프레임인 뼈를 건강하게 유지해야 합니다.

우리는 뼈를 든든하게 하려고 열심히 노력합니다. 부모들은 성장하는 자녀들의 뼈 건강을 위해 좀 비싸도 칼슘 함량이 높은 우유를 먹이기도 합니다. 그런데 건강하던 뼈도 약해질 수 있습니다. 그때 칼슘을 보충해 뼈를 든든히 하지 않으면 골밀도가 낮아져 골다공증이라는 심각한 질병이 생길 수 있습니다. 뼈에 영양이 부족해 밀도가 낮아지는 것입니다. 뼈에 구멍이 숭숭 뚫려 있는 것과 같습니다. 골다공증이 오면 뼈가 쉽게 부러지기도 합니다.

우리의 신체적인 뼈만 영양이 필요한 것이 아닙니다. 영적으로도 말씀이라는 영양분이 공급되지 않으면 영적 골다공증에 걸릴 수 있습니다. 신앙이 약해지면서 영적 상태가 쉽게 무너지고 꺾이고 부러지는 것입니다.

신앙의 기본 뼈대는 교회생활입니다

뼈가 몸을 지탱하는 프레임이듯 영적으로도 우리에게 뼈 역할을 하는 요소가 있습니다. 집이나 건물에서 든든한 기둥과도 같은 역할을 하는 부분입니다. 즉 신앙의 기본 골격은 교회생활입니다. 그 뼈대 위에 살이 붙고 아름다운 옷도 입는 것입니다. 사탄은 이 기본적 구조를 공격합니다. 우리의 신앙이 든든히 서지 못하도록 교회생활을 방해해 이런저런 문제로 쓰러뜨리려는 계략입니다.

신앙의 뼈대와도 같은 기본적인 교회생활이 있습니다. 예배, 기도, 봉사, 성도의 교제 등을 들 수 있습니다. 교회생활에서 신앙의 기본 활동이 시작됩니다. 교회생활은 매우 중요합니다. 교회생활이 없으면 믿음을 유지할 수 없습니다.

언젠가부터 소위 '가나안 교인'이 많아졌습니다. '가나안 교인'은 예배당에 '안 나가는 교인'을 일컫는 표현입니다('안 나가'를 거꾸로 읽으면 '가나안'이 됩니다). 우리는 그들이 교회생활을 기피하는 이유를 찾아내서 정상적인 교회생활을 하도록 도와야 합니다. 사탄은 건강한 그리스도인을 공격하는데, 그 우선적 방법이 예배당에 나가지 못하게 방해하는 것입니다. 곧 영적 뼈에 골다공증 같은 병이 생기게 하는 것입니다. 그러다 보면 조그만 충격에도 부러지고 맙니다.

뼈대가 든든한 몸이 흔들리지 않고 굳건하듯이, 그리스도인은 교회생활을 통해 어떤 경우에도 휘청거리지 않도록 신앙을 든든히 세울 수 있습니다. 반대로 교회생활을 철저히 하지 못하면 무리에서 떨어진 초식동물같이 됩니다. 육식동물, 맹수들은 무리

지어 다니는 동물들 중에서 무리에서 처진 동물을 먹잇감으로 삼고 공격합니다. 사탄도 마찬가지입니다. 무리에서 떨어져 교회 생활을 못하는 사람을 타깃으로 삼습니다. 교회생활은 신앙의 가장 기본적인 뼈대, 척추와도 같은 역할을 하므로 꼿꼿하게 지켜 내야 합니다.

교회생활에서는 다양한 신앙의 행위가 나타나지만 그중에서 반드시 빠뜨리지 않아야 할 것이 있습니다. 예배입니다. 신앙 활동의 기초에 예배가 든든히 서있어야 합니다. 반드시 예배를 놓쳐서는 안 됩니다. 예배보다 봉사 등 다른 활동을 더 좋아하는 성도들이 있는데 이런 태도는 위험합니다. 뼈대는 약한데 살만 찐 상태와 같습니다. 척추가 좋지 않은 사람이 하루 종일 서서 일하는 것과 다르지 않습니다. 예배보다 더 중요한 일은 없습니다.

예배를 바르게 드리면 감동이 넘치고 신앙이 역동적인 힘을 얻게 됩니다. 그 힘으로 하나님과 하나님의 교회를 섬겨야 지치지 않습니다. 그러나 예배를 제대로 드리지 않은 채 봉사만 하면 문제가 많이 생깁니다. 내가 시험에 들든지, 아니면 누군가를 시험에 빠뜨리게 되기 쉽습니다. 우리가 현장 예배를 드리기 힘들어도 온라인으로라도 예배를 꼭 드리는 이유는 교회의 든든한 뼈대만큼은 지켜야 하기 때문입니다. 예배를 어떤 방법으로든 반드시 지키면서 하나님과의 온라인(on-line)이 늘 유지되게 해야 합니다.

예배는 하나님을 향한 섬김 중 최고의 것입니다. 우리가 구원 받은 이유도 예배하는 자가 되기 위해서입니다. 이스라엘 백성이 출애굽을 해야 하는 이유가 무엇이었습니까? 모세는 광야에서 하나님께 제사를 드리기 위해서라고 선언했습니다(출 3:18, 5:3, 8:27). 예수님을 믿고 구원받은 것은 영적 출애굽과도 같습니다. 우리 역시 과거 이스라엘 백성처럼 영적으로 출애굽해 광야 같은 세상에서 제사의 신약적 의식인 예배를 드리는 것입니다.

예배를 제대로 드리면 모든 신앙 행위가 기쁨으로 이어집니다. 그래서 기도생활, 봉사생활, 성도와의 교제도 든든하게 자리 잡습니다. 우리 몸에 척추뿐 아니라 온몸의 뼈가 든든히 이어진 것과 같습니다. 교회생활의 여러 분야가 균형 잡혀야 뼈같이 든든한 신앙의 골격이 갖춰집니다.

예배, 기도, 봉사 등 교회생활을 통해서 신앙생활의 기본인 영적인 뼈대를 든든히 합시다. 예배를 바르게 드리고 나면 기도하고 싶어지고, 각각의 은사를 따라 봉사도 하게 됩니다. 그리고 성도의 교제도 이루어집니다. 소그룹에 속해 서로 격려하고 기도하면서 공동체를 깊이 경험하게 됩니다.

이처럼 뼈대가 든든하면 어디를 가든지 건강한 신앙생활이 가능합니다. 몸의 뼈를 건강하게 만드는 운동과 같은 효과가 발휘됩니다. 일상의 삶이나 일터에서 건강한 그리스도인다운 삶을 살아가게 하는 힘이 바로 교회생활의 성공입니다.

내 몸이 성전입니다

기본적인 골격을 유지하면서 뼈를 든든히 하려면 필요한 영양분을 섭취하고 운동을 열심히 해야 하듯이, 영적 영양 공급과 영적 운동으로 영적인 뼈를 든든하게 해야 합니다.

영적인 뼈에 양약은 하나님 말씀입니다

성경에는 영적인 뼈 건강에 도움이 되는 내용이 기록되어 있습니다. 본문은 "선한 말은 꿀송이 같아서 마음에 달고 뼈에 양약이 되느니라"(잠 16:24)고 말합니다. 교회생활을 하면서 내 뼈와 서로의 뼈를 든든하게 만들어 주는 삶이 필요합니다. 선한 말이 뼈에 양약이 된다고 하는데, 선한 말 중에서 선한 말은 하나님의 말씀입니다. 즉 하나님의 말씀을 묵상하며 살아가면 뼈 같은 우리 인생의 골격이 든든해지는 것입니다. 어떤 어려움이 와도 무너지지 않는 집이 세워집니다.

잠언은 우리에게 한결같은 가르침을 줍니다. 뼈를 윤택하게 하는 요소가 좋은 기별이라고 합니다(잠 15:30). 말씀을 전하는 전도는 최고의 기별입니다. 하나님의 말씀을 받아들이면 든든한 인생의 골격을 갖게 됩니다. 말씀은 우리에게 최고의 소식이고 우리를 평안하게 만들어 주는 요소입니다. 하나님의 말씀으로 우리의 마음이 평안해지면 뼈도 든든해집니다.

성경은 "마음의 즐거움은 양약이라도 심령의 근심은 뼈를 마르게 하느니라"(잠 17:22)고 말합니다. 근심에 빠지면 뼈가 마릅니다. 뼈가 마른 것은 극도의 어려움에 빠진 상태를 의미합니다. 그러나 하나님의 말씀을 믿고 그 말씀대로 살아가면 근심할 일이 없습니다. 그러므로 말씀을 따라 항상 기뻐하는 삶, 모든 근심을 하나님 아버지께 맡기는 삶을 살면 뼈와 같은 우리 인생의 영적 기둥이 든든히 유지될 것입니다.

결국 뼈를 윤택하게 하고 뼈에 양약이 되게 하는 방법이 있는데, 곧 좋은 말중 최고의 좋은 말인 하나님의 말씀을 많이 받아들이는 것입니다. 우리는 예배를 드리면서 기본적으로 많은 하나님의 말씀을 듣습니다. 그 말씀을 통해 마음의 평안과 기쁨을 유지하면 인생이 든든해집니다. 뼈에 영양분이 공급되듯 우리 인생이 든든히 서 갈 것입니다.

살다 보면 우울해질 수 있습니다. 그러나 예배하면서 바른 말씀을 받아들이면 어느덧 우울함에서 벗어납니다. 모든 상황을 감사함으로 받아들이게 되고 봐야 할 것을 제대로 보게 되면서 기쁨이 찾아옵니다.

생각해 보면, 온라인 예배를 통해 유익한 일도 많이 생겼습니다. 예배의 새로운 형태가 생겼습니다. 하나님과의 진정한 온라인을 확인했습니다. 산정현교회의 경우 새벽기도회를 6개월 이상 온라인과 병행하면서, 그동안 거리가 멀어서 새벽기도회에 나오지 못하던 성도님들이 동참이 가능했습니다. 주일예배의 온라인 병행으로 외국에서도 동시간에 예배하고 피드백이 옵니다. 좋은 일만 생각하면 감사할 수 있습니다. 말씀이 우리를 어떤 상황에서도 감사하는 사람으로 세워 줍니다.

한편 우리의 영적인 뼈대, 우리 인생의 뼈대를 약해지게 만드는 것이 있는데, 바로 우리 안에 숨어 있다가 자주 드러나는 죄악입니다. 죄악은 나의 뼈를 쇠하게 만듭니다(시 31:10). 인생의 뼈뿐만 아니라 육신의 뼈도 병이 들 수 있습니다.

또한 "내가 입을 열지 아니할 때에 종일 신음하므로 내 뼈가 쇠하였도다"(시 32:3)라는 시편 기자의 고백처럼, 죄를 짓고도 회개하지 않을 때 뼈가 부서지듯 인생이 무너지고 맙니다. 게다가 죄로 인해 하나님의 분노를 사게 되면 우리의 뼈까지 다 꺾이고 만다는 사실을 반드시 기억하십시오.

여호와의 분노의 매로 말미암아 고난당한 자는 나로다 나를 이끌어 어둠 안에서 걸어가게 하시고 빛 안에서 걸어가지 못하게 하셨으며 종일토록 손을 들어 자주자주 나를 치시는도다 나의 살과 가죽을 쇠하게 하시며 나의 뼈들을 꺾으셨고 고통과 수고를 쌓아 나를 에우셨으며 나를 어둠 속에 살게 하시기를 죽은 지 오랜 자 같게 하셨도다 애 3:1-6

영적 뼈대를 든든히 합시다

성경에 나오는 재미있는 뼈 이야기로 이 장을 마무리하겠습니다. 창세기에서 하나님은 사람을 창조하실 때 아담을 먼저 만드셨습니다. 아담의 뼈로 여자가 창조되었습니다. 뼈만 있으면 거기서 시작이 이루어집니다. 우리가 영적 뼈대를 유지해야 하는 이유가 바로 여기 있습니다.

또한 에스겔이 본 환상을 기억해 봅시다. 골짜기에 마른 뼈들이 수없이 흩어져 있었습니다. 이는 무너지고 흩어진 이스라엘을 상징합니다. 그러나 뼈들이 남아 있었습니다. 하나님이 뼈들에 힘줄을 두시고, 살을 입히시고, 가죽으로 덮으시고, 생기가 들어가게 하시자 벌떡 일어서서 큰 군대가 되었습니다. 뼈가 남아 있으니 군대가 되는 역사가 일어날 수 있었습니다. 죽고 말라 버렸지만 그래도 뼈가 남아 있으니 새롭게 일어선 것입니다.

이처럼 생명력이 넘치는 뼈 이야기가 또 등장합니다.

> 그의 모든 뼈를 보호하심이여 그중에서 하나도 꺾이지 아니하도다
>
> 시 34:20

이 말씀은 십자가에 달리신 예수님을 가리킵니다. 예수님은 십자가에서 살이 찢기셨고, 피 흘려 죽으셨습니다. 예수님은 십

내 몸이 성전입니다

자가에서 희생의 죽음을 당하셨습니다. 그러나 그분의 뼈는 꺾이지 않았습니다(요 19:31-36). 꺾이지 않은 예수님의 뼈는 부활의 희망입니다. 어떤 어려움을 겪어도 다시 일어설 교회를 보여 줍니다.

십자가형을 받아 십자가에 달린 죄수들은 고통 속에 서서히 죽었습니다. 그러므로 빨리 시신 처리를 하고 싶은 경우 다리를 꺾어 죽게 했습니다. 예수님이 십자가에서 죽으셨을 때 유대인들은 안식일에 시신을 두지 않는 유대의 전통을 따라 죄수들의 다리를 꺾으려고 했습니다. 그래서 예수님과 함께 십자가에 매달린 양쪽의 행악자들은 그 다리뼈가 꺾였습니다. 그러나 예수님은 이미 숨이 끊어지셨기에 다리뼈가 꺾이지 않았습니다. 구약의 예언대로 된 것입니다. 이처럼 온전한 뼈는 모든 것을 새롭게 세우고 생명이 확대되는 길로 우리를 인도합니다.

더욱이 예수님이 십자가에서 뼈가 꺾이지 않으신 것은 매우 상징적입니다. 그리스도인들은 뼈가 꺾이지 않습니다. 다시 일어섭니다. 무너지지 않습니다. 교회도 마찬가지입니다. 결국 꺾이지 않습니다. 부러지지 않습니다. 견고합니다. 뼈가 꺾이지 않고 원형이 보존된 채 반드시 다시 살아납니다. 교회의 뼈대로서 예배가 유지되면 반드시 다시 일어섭니다.

그러므로 뼈가 꺾이지 않게 합시다. 우리의 영적 뼈대를 잘 유지합시다. 뼈가 좀 마를 수는 있습니다. 그러나 살이 붙고 운동하면 건강해집니다. 구소련 시대, 동구권은 교회가 다 문을 닫았습니다. 그러나 뼈는 꺾이지 않았습니다. 구소련의 해체와 함께 교회는 다시 문을 열었습니다. 다시 살아났습니다. 러시아 정교회와 동구권의 교회들은 어둠 속에서 다시 빛을 드러냈습니다.

엘리사 선지자의 뼈 이야기도 있습니다. 엘리사는 죽어서 묘실에 묻혔습니다. 그런데 그의 뼈에 다른 시신이 닿자 살아나는 놀라운 일이 일어났습니다(왕하 13:21). 우리의 영적 뼈로서의 신앙은 누군가를 살립니다. 생명력의 기본입니다.

반면 악한 자에 대한 완벽한 하나님의 심판은 그 뼈를 치시는 것입니다. 하나님은 악한 자의 뼈를 흩어 버리십니다(시 53:5). 또한 저주를 좋아하는 자들은 뼛속 깊숙이 그 저주가 스며들고 맙니다(시 109:18). 다니엘은 사자굴에서 살아났습니다. 왕이 다니엘을 참소한 사람들을 끌어오게 하고 그들을 그들의 처자들과 함께 사자 굴에 던져 넣게 했습니다. 그들이 굴 바닥에 닿기도 전에 사자들이 그들을 움켜서 그 뼈까지도 부서뜨렸습니다(단 6:24). 이렇게 악한 자에 대한 하나님의 심판은 뼈를 완전히 부서뜨리시는 것입니다. 회복 불능, 다시 일어서지 못하게 하십니다.

그러므로 성경에서 하나님의 복은 뼈를 든든히 해 주시는 것으로 묘사됩니다. 하나님은 하나님의 사람들에게는 그 뼈를 견고하게 보호하시는 복을 주십니다.

내 몸이 성전입니다

여호와가 너를 항상 인도하여 메마른 곳에서도 네 영혼을 만족하게 하
며 네 뼈를 견고하게 하리니 너는 물 댄 동산 같겠고 물이 끊어지지 아니
하는 샘 같을 것이라 사 58:11

그러므로 든든히 서려면 뼈를 든든히 유지하기 위한 삶이 필요
합니다. 아울러 하나님이 내 뼈를 보호하시는 복을 누립시다. 교회
의 뼈는 늘 든든히 유지되었습니다. 그 뼈가 꺾인 적이 없습니다.
에스겔의 환상 속 골짜기에 가득한 마른 뼈 같은 때가 있지만, 그
뼈들은 부활했습니다. 다시 일어섰습니다. 우리도 뼈가 꺾이지 않
도록 해야 합니다.

그리고 우리가 하나님의 자녀로 살아가기에, 어떤 어려움이
닥쳐도 우리의 인생을 지탱하는 신앙이라는 골격은 든든할 것이
므로 안심합시다. 혹시 넘어진 것 같아도 부러진 것이 아니고, 다
시 일어설 수 있습니다. 음부의 권세는 끊임없이 교회를 공격하
고 무너뜨리려고 할 것입니다. 그러나 교회는 반드시 다시 일어
섭니다. "내가 이 반석 위에 내 교회를 세우리니 음부의 권세가
이기지 못하리라"(마 16:18)라는 예수님의 말씀처럼 주님의 교회
이기 때문입니다. 주님이 세우신 교회는 주님이 붙들어 주십니
다. 결국 주님이 교회를 든든히 세우실 것입니다.

우리 한 사람, 한 사람이 교회입니다. 우리도 든든히 다시 설
것입니다. 부러지고 쓰러진 채 끝나지 않습니다. 형태를 보존했

다가 생명력을 드러낼 것입니다.

뼈가 든든히 서야 합니다. 그래야 몸이 버팁니다. 뼈가 든든해야 걷고 뛰고 앉고 서는 일이 가능합니다. 뼈가 잘 버티면 몸이 든든히 섭니다. 우리의 뼈를 견고하게, 영적 뼈를 든든히, 교회의 뼈대를 지켜 냅시다.

10. 살

53 예수께서 이르시되 내가 진실로 진실로 너희에게 이르노 니 인자의 살을 먹지 아니하고 인자의 피를 마시지 아니하 면 너희 속에 생명이 없느니라

54 내 살을 먹고 내 피를 마시는 자는 영생을 가졌고 마지막 날에 내가 그를 다시 살리리니

55 내 살은 참된 양식이요 내 피는 참된 음료로다

56 내 살을 먹고 내 피를 마시는 자는 내 안에 거하고 나도 그 의 안에 거하나니

57 살아 계신 아버지께서 나를 보내시매 내가 아버지로 말미암 아 사는 것같이 나를 먹는 그 사람도 나로 말미암아 살리라

요한복음 6:53-57

몸이 존재하려면 살이 필요합니다

우리 몸에는 살이 있으며, 살이 가장 두드러집니다. 사람의 변화는 살로 느끼는 경우가 많습니다. 살이 빠지거나 찌는 것만으로도 매우 달라진 모습을 보입니다. 살을 보고 건강을 짐작하기도 합니다. 이처럼 살은 중요합니다. 예수님은 사람으로 이 세상에 오실 때 완전한 몸을 가지고 오셨습니다. 이는 예수님께는 살과 뼈가 확실하게 있었음을 밝혀 줍니다. 부활하신 이후에도 예수님은 완전한 몸이셨습니다(눅 24:39).

살에 관심이 많은 세상입니다. 살찌려는 사람도 일부 있지만, 대부분의 사람들은 살을 빼려고 노력합니다. 그러나 살은 매우 중요하며, 몸에는 반드시 살이 필요합니다.

앞 장에서 뼈에 대해 살펴보았습니다. 뼈는 매우 중요하지만, 우리 몸은 뼈만 가지고는 존재할 수 없습니다. 에스겔은 환상에서 뼈에 힘줄과 살, 가죽이 덮이면서 군대가 되는 모습을 보았습니다. 이처럼 뼈는 프레임 역할을 하고, 든든한 뼈에는 살이 필수입니다. 몸으로 존재하려면 살이 있어야 합니다. 또한 하나님은 아담의 갈비뼈 하나로 하와를 만드신 후 그 빈자리를 살로 채우셨습니다. 몸의 살은 그만큼 중요합니다.

뼈만 있어서는 몸이 유지되지 않습니다. 살이 필요합니다. 그래서 살을 적절하게 찌우려는 노력도 필요합니다. 살은 운동을

내 몸이 성전입니다

통해 근육으로 바뀌고, 근육은 살과 뼈를 든든히 잡아 줍니다. 뼈가 약해도 근육이 버티게 해 줍니다.

건강한 살을 갖고자 노력해야 합니다

영적으로, 살찐 것은 복입니다

창세기에는 요셉이 바로왕의 꿈을 해석하는 장면이 나옵니다. 그 꿈에는 살찐 소와 파리한 소가 등장해서 7년 풍년과 7년 흉년을 상징적으로 보여 줍니다. 살이 적절한 것이 복입니다. 성경은 살이 마른 것보다 살찐 것이 복이라며 살에 상징성을 부여하고 있습니다.

살은 잘 먹어야 유지됩니다. 그런데 살이 찌려면 어떻게 해야 할까요? 우리는 굶주림에 시달려 살이 다 빠져 뼈만 앙상한 아프리카 기아들의 사진에 익숙합니다. 북한 어린이들의 모습도 이와 비슷한 경우가 있습니다. 먹지 못한 결과입니다. 살이 없으면 숨조차 쉬기 힘들어집니다. 살이 없어 호흡할 수 없을 정도로 쇠약해진 것입니다.

우리의 영적 살도 잘 먹어야만 유지됩니다. 며칠 못 먹으면 살이 빠지듯, 영적으로도 먹지 못하면 영적 살이 빠져 금방 티가 납니다. 영적 식사가 필요합니다.

주님은 영적 양식에 대해 말씀하신 바 있습니다. '만나'는 이스라엘 백성이 출애굽 후 광야 40년 동안 주식으로 삼았던 신비한 양식입니다. 광야에서 그들이 만나라는 신비한 음식을 먹은 데는 다 의미가 있었습니다. 하나님은 광야 40년 생활을 마무리하면서 이스라엘 백성에게 만나에 대해 이렇게 설명하셨습니다.

> 너도 알지 못하며 네 조상들도 알지 못하던 만나를 네게 먹이신 것은 사람이 떡으로만 사는 것이 아니요 여호와의 입에서 나오는 모든 말씀으로 사는 줄을 네가 알게 하려 하심이니라 신 8:3

광야에서 이스라엘 백성이 먹은 만나는 비상식량이었습니다. 농사지을 수 없는 비상 상황에서 하나님이 하나님의 백성을 먹이신 방법이 만나를 내려 주시는 것이었습니다.

그러나 만나는 진정한 양식이 아닙니다. 우리에게는 영원한 만나가 필요합니다. 그래서 예수님은 오병이어의 기적을 베푸신 후에 "내가 곧 생명의 떡이니라 너희 조상들은 광야에서 만나를 먹었어도 죽었거니와 이는 하늘에서 내려오는 떡이니 사람으로 하여금 먹고 죽지 아니하게 하는 것이니라"(요 6:48-50)고 하시고 이어서 이렇게 말씀하셨습니다.

> 나는 하늘에서 내려온 살아 있는 떡이니 사람이 이 떡을 먹으면 영생하

내 몸이 성전입니다

리라 내가 줄 떡은 곧 세상의 생명을 위한 내 살이니라…내 살은 참된 양
식이요 내 피는 참된 음료로다 내 살을 먹고 내 피를 마시는 자는 내 안
에 거하고 나도 그의 안에 거하나니 살아 계신 아버지께서 나를 보내시
매 내가 아버지로 말미암아 사는 것같이 나를 먹는 그 사람도 나로 말미
암아 살리라 요 6:51, 55-57

우리는 예수님의 말씀과 연결시켜서 만나를 생각해야 합니다.
하나님이 만나를 먹이신 이유가 무엇입니까? 사람이 떡으로만
사는 것이 아님을 알려 주시고, 사람은 하나님의 입에서 나오는
말씀으로 살아야 함을 가르쳐 주시기 위해서입니다.

이스라엘 백성은 만나를 먹었지만 가나안 땅에 들어가지 못한
채 광야에서 죽었습니다. 말씀대로 살지 못하고, 말씀을 양식으
로 삼지 못한 까닭입니다. 만약 그들이 하나님의 말씀을 순종하
면서 따라갔다면 풍성한 광야생활을 했을 것입니다.

만나의 원칙은 하나님의 말씀대로 순종하는 것이었습니다. 하
나님은 하루에 하루 치 만나만 주셨습니다. 이틀분만 축적해도
썩어서 벌레가 생겨 먹지 못하게 되었습니다. 욕심 부리지 못하
게 하셨습니다. 아침 일찍, 해가 뜨거워지기 전에 만나를 거둬야
했습니다. 늦게 나가면 다 사라져 만나를 거둘 수가 없었습니다.
부지런히 만나를 줍게 하셨습니다. 안식일 전날은 안식일에 먹을
만나를 포함해 이틀 치를 수확했습니다. 그래도 아무런 문제없이

신선한 만나를 안식일에 먹을 수 있었습니다. 안식일을 오롯이 지키게 하신 것입니다.

이스라엘 백성은 오직 말씀대로 움직일 때만 안전하고 건강하게 만나를 먹을 수 있었습니다. 진정한 양식은 순종입니다. 안 될 것 같아도 말씀대로 하면 삽니다. 먹을 수 있습니다. 그리고 살이 빠지지 않습니다. 보기 좋은 외모를 유지할 수 있습니다.

이스라엘에 큰 기근이 들었을 때 사르밧 과부는 엘리야 선지자의 말에 순종했습니다. 만약 순종하지 않았다면 마지막 양식을 먹은 후 죽을 날만 기다려야 했을 것입니다. 며칠이나 버틸 수 있었을까요? 그러나 그녀는 선지자가 말한 대로 자신과 아들의 마지막 양식을 포기하고 선지자를 대접했습니다. 순종하자 신기하게도 양식이 떨어지지 않았습니다. 쌀독에서 계속해서 쌀이 나온 것입니다.

우리의 영적 양식은 예수 그리스도이시며, 곧 주님이 주신 말씀입니다. 주님을 믿고 주님의 말씀대로 살면 인생이 풍성해집니다. 결코 굶주림이나 결핍이 없습니다. 영적 풍성함을 누리게 됩니다. 때로는 영적으로는 풍성하지만 육적으로는 병에 시달릴 수 있습니다. 그러나 그 상황을 이기고 감사하는 자세는 영적으로 풍성한 양식을 먹어 영이 건강할 때 비로소 가능합니다. 우리의 영적 양식을 놓치지 맙시다. 영적 양식을 잘 먹어 언제든지 영육 간에 풍성하기를 기대합시다.

내 몸이 성전입니다

운동하고 건강한 먹거리를 섭취해야 합니다

그러나 살찌는 것만으로 만족할 수는 없습니다. 지방이 많은 살이 아닌, 건강한 살이 필요합니다. 지방의 비율이 높으면 문제가 생깁니다. 우리가 날마다 먹는 양식에 적절하지 않은 것들, 오히려 해로운 성분이 섞일 수 있으니 주의해야 합니다.

건강한 살을 갖기 위한 두 가지 방법을 제안합니다. 첫째는 운동입니다. 먹기만 해 살이 찌면 결코 건강한 몸을 유지할 수 없습니다. 건강한 살을 가지려면 운동을 해야 합니다. 운동을 하면 근육이 생기고 건강한 힘이 공급됩니다. 근력이 생겨 뼈가 약해도 근육이 잡아 줍니다. 운동 없이 살면 살 속에 지방이 낍니다. 동물 사육 시 어떤 사람들은 마블링을 좋게 만들려는 의도로 동물을 축사에 가두고 살을 찌웁니다. 동물 학대입니다. 맛있는 고기를 생산해 내기 위한 잔인한 행위입니다.

영적으로도 마찬가지입니다. 영적 운동이 부족하면 건강하지 못한 영적 살을 만들 수 있습니다. 섬김, 나눔, 봉사를 위한 발걸음 등이 적절한 영적 운동이며, 우리의 영적 살을 건강한 살로 만들어 줍니다.

쉽게 말해, 영적 운동이란 말씀대로 움직여 보는 것입니다. 그러면 말씀이 내 삶에 깊숙이 박히고 곧 에너지가 됩니다. 그렇지 않고 말씀을 듣기만 하면 교만에 빠질 위험이 있습니다. 자리에 앉아서 다 아는 말씀이라며 판단하며 평가하고, 오랫동안 들은 말씀이라고 생각하며 비판하는 태도에는 생명력이 없습니다. 그러다 보면 서서히 무너집니다.

건강한 삶을 갖기 위한 또 한 가지 방법은 건강한 먹거리를 섭취하는 것입니다. 오늘날 온갖 불량한 먹거리가 생산되고 있습니다. 오랫동안 먹으면 몸에 좋지 않은 음식도 있습니다. 인스턴트처럼 당장 입에만 좋은 식품들도 있습니다.

한편 영적으로 불량한 먹거리로는 왜곡된 말씀이 있습니다. 조심해야 합니다. 심지어 독소도 있습니다. 이단으로 끌고 가 죽음에 이르게도 합니다.

최고의 말씀은 성경 말씀 그 자체입니다. 구약 시대에는 율법을 읽기만 해도 은혜 받고 회개했고, 또 기뻐했습니다. 순수한 하나님의 말씀 자체가 진정한 양식입니다. 원재료를 손상시키는 온갖 양념이나 첨가물이 몸의 건강을 해치는 것처럼, 하나님의 말씀 자체를 잘 읽고 만족하는 영적 상태를 유지해야 합니다.

곰탕에 소금을 넣지 않고 먹어 본 적이 있습니까? 곰탕이 주는 깊고 깔끔한 맛이 일품입니다. 요즘 저는 콩국을 많이 마시는데, 소금을 넣지 않고 콩의 고소함만 즐기고 있습니다. 영적으로 말씀이라는 순수한 원재료에만 집중한다는 것이 바로 이런 의미입니다.

내 몸이 성전입니다

내 살을 남의 살로 만드는 삶을 추구하십시오

더 나아가 내 살만 찌우지 맙시다. 영적으로 내 살이 건강하면 다른 대상에 눈을 뜨기 마련입니다. 그리스도인은 누군가의 살을 찌워야 합니다. 그를 먹이고 보호해야 하는 것입니다. 반면 악한 자는 남의 살을 빼앗습니다. 성경에 그런 악한 자에 대한 언급이 나옵니다.

> 내가 또 이르노니 야곱의 우두머리들과 이스라엘 족속의 통치자들아 들
> 으라 정의를 아는 것이 너희의 본분이 아니냐 너희가 선을 미워하고 악
> 을 기뻐하여 내 백성의 가죽을 벗기고 그 뼈에서 살을 뜯어 그들의 살을
> 먹으며 그 가죽을 벗기며 그 뼈를 꺾어 다지기를 냄비와 솥 가운데에 담
> 을 고기처럼 하는도다 미 3:1-3

자기 욕심을 위해 남의 살을 먹는 사람들이 있습니다. 우리가 사는 세상이 그렇습니다. 북한에서는 몇몇 사람들의 배부름을 위해 인민들이 굶주리기도 합니다. 악한 자들의 자기 욕심 때문입니다. 우리 사회도 다를 바 없습니다. 내가 먹을 것만 챙기기 위해 누군가의 피를 짜내고 살을 뜯기도 합니다. 내 주머니만 챙기는 행위가 바로 그렇습니다. 우리는 함께 살아야 하고, 함께 먹어야 합니다.

라틴어 '빠니스'(panis)는 빵입니다. 여기서 '회사'를 의미하는 영어 단어 'company'가 나왔습니다. 접두어 'com'은 '함께'라는 의미입니다. '빠니스'에 '함께'라는 접두사가 붙은 것입니다. 빵을 함께 먹기 위한 공동체가 회사입니다. 함께 먹기 위해 움직이고 경영하고 활동합니다.

나 혼자 먹으면 위험합니다. 나도 먹을 뿐 아니라 이웃도 먹이고 살찌워야 합니다. 그런 시스템을 만들어야 합니다. 자본주의 사회에서 서로를 배려하는 의식이 필요합니다. 건전한 자본주의여야 합니다. 자본의 힘만 과시하는 태도는 자본주의를 매우 심각하게 위협합니다.

실증적 사회학자인 장 지글러(Jean Ziegler)는 인도적인 관점에서 빈곤과 사회구조의 관계에 대한 글을 의욕적으로 발표하는 저명한 기아문제연구자입니다. 그는 불편한 진실을 다루는 것으로 유명한 작가로서, 2000년부터 유엔인권위원회의 식량특별조사관으로 8년간 활동을 하기도 했습니다.

그는 자신의 책《왜 세계의 절반은 굶주리는가?》(갈라파고스, 2016)에서 전 세계 기아의 실태와 배후 요인들을 대화 형식으로 소개했습니다. 부족한 것 없이 하루하루를 보내는 전 세계의 많은 사람이 음식을 낭비하며 살아가고 있는 지금 이 순간에도 지구 어느 곳에서는 밥 한 끼, 빵 한 조각을 먹지 못해 죽어 가고 있는 이들이 많다는 것을 지적했습니다.

기아의 원인을 깊숙이 파고든 이 책을 통해 인간의 생사를 가르는 상황들이 얼마나 정치, 경제 질서와 깊은 연관을 맺고 있는지를 깨우치게 됩니다. 일상 풍경 속에 8억 5,000만 명의 굶주리는 사람들이 있음을 알리는 역할을 하는 책입니다. 어릴 때 내가 먹던 음식이 남으면 친구와 나눠 먹으면 된다는 낭만적 환상은 더 이상 어른들의 세계에서는 통용되지 않는다는 것입니다. 그 나라의 기후 때문에, 농업생산량이 모자라서, 더운 지방에 살다 보니 사람들이 게을러서 등 정말 무서운 고정관념이 기아 문제를 외면하게 만든다는 것입니다.

기아는 우리에게서 그리 멀지 않은 곳에도 있습니다. 북한만 하더라도 기아로 인해 200만 명의 사람들이 아까운 목숨을 잃기도 했습니다. 독일의 세계기아원조와 아일랜드의 컨선월드와이드는 2019년 10월 15일 발표한 "2019년 세계기아지수" 보고서에서 북한의 기아지수가 27.7점으로 조사 대상 117개 국가 중 26번째로 심각하다고 밝혔습니다. 기아지수는 전체 인구 중 영양 부족 비율과 5세 미만 영유아의 저체중과 발육 부진 비율, 사망률을 종합해 산출됩니다.

북한은 2016-2018년 사이 전체 인구 중 영양 부족 인구 비율이 47.8%로 추정되었고, 2019년 10월 15일 유엔아동기금 유니세프가 발표한 "2019 세계아동현황보고서"에서도 2013-2018년 사이 북한 영유아 19%가 '발육 부진', 3%가 '체력 저하'로 추산되었습니다. 또 5-19세 어린이 가운데 5%는 영양실조, 성인 여성 가운데 8%는 저체중이라고 보고서는 밝혔습니다.

반면 우리는 살이 너무 쪄서 문제입니다. OECD(경제협력개발기구)에 의하면, 우리나라 고도비만 인구가 2005년 3.5%에서 2015년 5.3%로 늘어났습니다. 그리고 2030년이면 9%까지 늘어날 것으로 전망했습니다.

이런 불균형은 세계적인 문제입니다. 이를 해결하기 위해 우리가 조금 덜 먹어 누군가의 살을 찌우는 나눔이 필요합니다. 내 살을 남의 살로 만드는 것입니다. 예수님은 그분의 살을 우리의 양식으로 내어주셨습니다. 당신의 살이 진정한 양식이라고 말씀하셨습니다. 단순히 상징적이지만은 않습니다. 실제로 예수님은 십자가에서 그 살을 희생하셨고, 그래서 우리가 살아났습니다. 내 살을 희생해 누군가의 살을 채우는 사람이 그리스도인입니다.

살, 하나님이 은혜 주셔야 유지됩니다

살이 찌듯 인생을 풍성하게 하시는 하나님의 은혜가 누구에게 임할까요? 원수가 쫓아와도 밥상 앞에 앉아 밥을 먹을 수 있는 상태를 유지하는 비결이 있습니다. 게다가 소화까지 잘되어 살이 찔 수 있는 삶에는 다 이유가 있습니다. 여호와를 목자 삼고 그분

내 몸이 성전입니다

의 인도하심을 따라 살아가는 것입니다. 하나님이 주신 원칙을 지키며 살아갈 때 우리의 식탁이 풍성해집니다(시 23:1-5). 그렇지 못하면 하나님의 진노가 임합니다. 주님의 진노는 내 살까지 고통을 겪게 하고, 다 잃게 합니다. 불순종은 죄입니다. 그 경우 뒤따르는 결과는 먹기 힘들게 된다는 것입니다.

하나님은 이미 여러 번 경고의 말씀을 하셨습니다.

> 너희가 나를 거슬러 내게 청종하지 아니할진대 내가 너희의 죄대로 너희에게 일곱 배나 더 재앙을 내릴 것이라…내가 너희가 의뢰하는 양식을 끊을 때에 열 여인이 한 화덕에서 너희 떡을 구워 저울에 달아 주리니 너희가 먹어도 배부르지 아니하리라 레 26:21, 26
> 네가 많은 종자를 들에 뿌릴지라도 메뚜기가 먹으므로 거둘 것이 적을 것이며 네가 포도원을 심고 가꿀지라도 벌레가 먹으므로 포도를 따지 못하고 포도주를 마시지 못할 것이며 신 28:38-39

그래도 이스라엘은 하나님의 말씀대로 살지 못했고, 결국 다 무너지고 말았습니다. 이에 선지자들은 안타깝게 선포했습니다. 호세아는 "그들이 먹어도 배부르지 아니하며 음행하여도 수효가 늘지 못하니 이는 여호와를 버리고 따르지 아니하였음이니라"(호 4:10)라고 말했고, 미가는 "네가 먹어도 배부르지 못하고 항상 속이 빌 것이며…네가 씨를 뿌려도 추수하지 못할 것이며 감람 열매를 밟아도 기름을 네 몸에 바르지 못할 것이며 포도를 밟아도 술을 마시지 못하리라"(미 6:14-15)라고 선포했습니다. 적극적으로는, 하나님이 자기 이익만 챙기는 자들에게는 그 죄에 대한 진노로 살이 병들고 말라 버려 성한 곳이 없을 것이라고 말씀하셨습니다(시 38:3; 애 3:1-6).

결국 살이 보기 좋게 찐 것 같은 풍성함과 여유로움은 없습니다. 파리하게 말라 버린 상태입니다. 못 먹어 굶주린 모습, 불쌍한 모습이 될 수밖에 없습니다. 한편 살찐 양으로 살더라도, 누군가를 밟아서 먹은 꼴이라면 심판의 날이 옵니다. 그리고 하나님이 진정으로 이스라엘을 먹일 목자를 세우실 것인데, 그분이 바로 예수 그리스도이십니다(겔 34:18-24). 예수님이 오셔서 우리를 영적으로 배부르게 먹이실 것입니다. 그래서 신약성경이 주님이 주실 양식을 강조하는 것입니다.

농사를 지어도 열매가 없는 세상, 먹어도 배부르지 않고 살이 찌지 않는 상태는 가장 불행한 모습입니다. 그 이유가 무엇인지 이제 답을 알게 되었을 것입니다.

내 살을 건강하게 유지합시다. 영적 살을 늘 풍성하게 합시다. 내 살이 몸을 아름답고 힘 있게 만들 수 있도록 삶을 가꿉시다. 심지어 동물까지 배려합시다. 생태계 보존은 결코 착한 일이 아니라, 사람이 살아가기 위한 최소한의 행동입니다.

살, 하나님이 은혜 주셔야 유지됩니다. 건강한 살을 위해 노력

내 몸이 성전입니다

합시다. 내 살이 건강해서 누군가를 살찌우는 사명까지 감당합시다. 건강한 몸을 만듭시다. 영적 건강을 유지하여 우리 삶의 모든 영역이 더욱 건강하고 풍성해지기를 기도합니다.

11. 뇌

17 우리 주 예수 그리스도의 하나님, 영광의 아버지께서 지혜
와 계시의 영을 너희에게 주사 하나님을 알게 하시고
18 너희 마음의 눈을 밝히사 그의 부르심의 소망이 무엇이며
성도 안에서 그 기업의 영광의 풍성함이 무엇이며
19 그의 힘의 위력으로 역사하심을 따라 믿는 우리에게 베푸
신 능력의 지극히 크심이 어떠한 것을 너희로 알게 하시기
를 구하노라
20 그의 능력이 그리스도 안에서 역사하사 죽은 자들 가운데
서 다시 살리시고 하늘에서 자기의 오른편에 앉히사
21 모든 통치와 권세와 능력과 주권과 이 세상뿐 아니라 오는
세상에 일컫는 모든 이름 위에 뛰어나게 하시고
22 또 만물을 그의 발 아래에 복종하게 하시고 그를 만물 위에
교회의 머리로 삼으셨느니라
23 교회는 그의 몸이니 만물 안에서 만물을 충만하게 하시는
이의 충만함이니라 에베소서 1:17-23

뇌는 온몸을 통제합니다

10개의 신체 기관 중 마지막으로 머리에 대해 살펴보겠습니다. 머리는 사람의 신체 중에서 가장 중요한 기관입니다. 머리가 정상적으로 기능하지 못하면 사람은 살아 있어도 산 것이 아닙니다. 뇌사 또는 식물인간 등이 되어 아무것도 못합니다.

1968년 미국 하버드 의과대학은 특별보고서를 통해 뇌사를 '비가역적 혼수상태'(Irreversible Coma)라고 정의했습니다. 즉 뇌가 기능을 상실한 상태입니다. 특히 심장 박동이나 호흡처럼 생명 유지에 필수적인 역할을 하는 뇌간이 죽은 것입니다. 따라서 뇌사가 일어나면 필연적으로 심장이 멎어 죽음에 이릅니다. 인공호흡기에 의존해 얼마 동안 호흡과 심장 박동을 연장할 수 있지만 회복할 가능성은 없는 상태입니다. 이 점에서 뇌사는 식물인간과 다릅니다.

식물인간은 뇌의 일부가 손상을 입어 의식이 없지만 뇌간은 생생히 살아 있는 상태입니다. 인공호흡기가 없어도 자발적으로 호흡할 수 있고, 가끔 눈을 깜박이거나 신음을 내기도 합니다. 수개월이나 수년 뒤에 기적적으로 깨어나는 경우가 종종 있어 식물인간은 장기 기증 대상이 될 수 없습니다.

이처럼 머리는 중요합니다. 여기서 머리는 뇌를 의미합니다. 두상이 어떤 모양인지보다 중요한 것은 그 속에 담긴 뇌입니다.

뇌의 상태가 사람의 정상적 삶을 좌우합니다. 뇌와 관련된 책도 많이 출간되어 있습니다. 뇌 정보가 많다는 뜻이며, 그만큼 관심이 커졌기 때문입니다. 뇌에서 가장 비중이 큰 전두엽 등도 오늘날은 일상화된 표현입니다.

전두엽은 대뇌 반구의 전방에 위치한 부분으로, 두정엽, 측두엽, 후두엽 등과 함께 대뇌피질을 구성하는 주요 부위 중 하나입니다. 전두엽은 추리, 계획, 운동, 감정, 문제해결에 관여합니다. 특히 전두엽의 앞쪽 부위에 위치한 전전두피질은 기억력, 사고력 등 고등 행동을 관장하며 다른 연합 영역으로부터 들어오는 정보를 조정하고 행동을 조절합니다. 이 같은 의학적 용어 및 기능이 상식이 되어 가고 있습니다.

의학적으로 밝혀진 인간의 뇌에 대해 좀 더 알아보겠습니다. 뇌의 무게는 전체 몸무게의 2%를 차지하고 뇌가 사용하는 산소의 양은 전체 산소량의 20%입니다. 뇌는 전체 피의 15%를 사용하며 하루에 섭취하는 열량의 4분의 1은 뇌에서 소비한다고 합니다. 뇌는 1,000억 개의 신경세포와 1,000조 개의 신경세포 접합부를 가지고 있어 뇌 속의 상호 연결은 한계가 없습니다. 그만큼 뇌는 중요합니다. 뇌가 바르게 움직이고 기능함으로 몸이 몸으로서의 기능을 하는 것입니다.

그런데 뇌는 자체로는 고통을 느끼지 못한다고 합니다. 가끔 머리가 아픈 이유는 뇌를 감싸고 있는 근육이 원인이라는 의미입니다. 무엇보다 중요한 사실은 뇌가 우리의 온몸을 통제한다는 것입니다. 손이나 발뿐 아니라 입에서 나오는 말도 뇌의 명령대로 움직입니다.

나의 뇌는 그리스도여야 합니다

예수님은 교회의 머리시고, 우리는 예수님의 몸입니다

이제 영적인 뇌의 역할에 대해 살펴보겠습니다. 사도 바울이 강조한 그리스도인의 삶이 있습니다. 그리스도인은 교회를 이루는 몸의 역할을 하며, 교회의 머리는 오직 그리스도십니다.

> 또 만물을 그의 발 아래에 복종하게 하시고 그를 만물 위에 교회의 머리로 삼으셨느니라 교회는 그의 몸이니 만물 안에서 만물을 충만하게 하시는 이의 충만함이니라 엡 1:22-23

예수님이 교회의 머리십니다(골 1:18). 그분이 뇌, 머리십니다. 그리스도인은 교회라는, 예수 그리스도의 몸 역할입니다. 따라서 머리이신 예수님의 생각대로 움직이는 교회일 때 가장 건강한 상태로 유지될 수 있습니다.

그리스도인 각자의 삶도 마찬가지입니다. 머리, 즉 뇌이신 주님의 뜻대로 움직여야 정상적인 몸을 유지할 수 있습니다. 그리스도인이 건강한 삶을 유지하려면 뇌가 건강하게 기능해야 합니다. 몸이 정상적인 상태는 뇌의 정상 기능을 빼고는 말할 수 없습니다. 우리의 뇌 기능을 하시는 머리 되신 그리스도를 따라 살아야 우리의 뇌도 건강하게 작동됩니다.

사도 바울은 에베소 교회를 위해 기도할 때 "우리 주 예수 그리스도의 하나님, 영광의 아버지께서 지혜와 계시의 영을 너희에게 주사 하나님을 알게 하시고…그의 힘의 위력으로 역사하심을 따라 믿는 우리에게 베푸신 능력의 지극히 크심이 어떠한 것을 너희로 알게 하시기를 구하노라"(엡 1:17-19)라고 아뢰었습니다. 내가 나의 똑똑한 머리로 하나님을 아는 것이 아닙니다. 하나님이 알게 하시는 것입니다. 영광의 아버지이신 하나님이 지혜와 계시의 영을 주심으로 하나님을 알게 됩니다.

하나님이 내 머릿속에 깨달음을 주시고, 기억하게 하시고, 흔들리지 않게 하십니다. 그분이 우리의 머리십니다. 우리는 이 사실을 분명히 기억해야 합니다. 뇌라는 하드웨어는 하나님이 창조하셨습니다. 하나님은 인간에게 인지 능력을 주셔서 우리가 인지하고 저장하고 활용할 수 있게 하셨습니다. 그러나 인간의 인지 능력에는 한계가 있습니다. 알 수 없는 영역이 있는데, 그 부분은 하나님이 알게 하십니다. 그 사실을 알고 내 삶에 적용하는 일, 하나님이 주신 영적 지식을 활용하는 것은 나의 몫입니다.

내 몸이 성전입니다

이 점을 아는 사람들은 하나님이 끊임없이 나의 머리를 채우시고 깨우치시기를 기도합니다. 그리고 이처럼 그리스도가 머리 이심을 인정하는 사람은 머리이신 그분이 원하시는 대로 움직이기 마련입니다. 그리스도의 생각, 아이디어를 따릅니다. 그분의 명령대로 움직입니다. 몸으로서 뇌의 명령을 따르는 것을 당연하게 여깁니다. '내 아이디어'는 기도하고 말씀을 묵상하다가 주님으로부터 오는 것이어야 합니다.

내 머리 쓰지 말고, 하나님을 앞세우십시오

조직이나 공동체에는 뇌 역할을 하는 사람이나 또 다른 조직이 있습니다. 또한 누군가의 뇌 역할을 해 주는 사람도 있습니다. 소위 '브레인'이라고 불립니다. 브레인의 제안을 버리고 자기 생각대로만 가면 위험할 수 있습니다.

우리는 브레인이신 주님을 따라야 합니다. 주님보다 앞서지 않도록 조심해야 합니다. 구약의 선지자 요나는 주님의 명령대로 가지 않았습니다. 자기 생각, 오랜 편견과 고정관념을 버리지 않았습니다. 하나님이 니느웨로 가서 복음을 선포하라고 분명히 말씀하셨음에도 자기 고집대 다시스로 가겠다고 마음에 결정을 내렸고, 실제로 항구에서 다시스로 가는 배에 몸을 실었습니다.

그러나 하나님의 계획은 망가지거나 좌절되지 않았습니다. 오히려 하나님은 고집을 부리는 요나를 흔들어 놓으셨습니다. 바다도, 배도 브레인이신 하나님의 손아래 있기 때문입니다. 바람이 불고 파도가 극심해졌습니다. 배가 파손 위기에 빠졌습니다. 고집대로 하면 인생의 배도 파선할 수 있습니다. 하나님은 요나를 하나님의 생각대로 다시 붙잡아 니느웨에 들여보내셨고, 니느웨를 살리셨습니다.

요나는 자기 생각으로 머리 되신 하나님의 뜻을 거슬렀습니다. 우리도 조심해야 합니다. 스스로 똑똑한 척하며 내 판단을 절대적으로 신뢰할 수 있습니다. 그러나 세상에는 나보다 똑똑한 사람이 얼마든지 많습니다. 나 혼자 절대적으로 잘났다는 생각이 가장 위험합니다. 주변의 의견을 종합하고 판단하고 정리하는 이유는 지혜롭기 때문입니다. 결코 어리석어서가 아닙니다.

내 고집대로만 움직이는 것은 뇌로부터 오는 신호를 무시하는 것이나 다름없습니다. 우리는 계산을 머리로 합니다. 그러나 그리스도가 머리가 되시면 가슴으로 합니다. 머리가 시키는 일을 행동하려면 먼저 가슴이 뜨거워집니다. 그리고 머리의 명령대로 움직일 준비를 하고 필요한 것을 동원합니다. 손해 볼 것 같은데도 그렇게 행동합니다.

우리의 머리이신 예수 그리스도는 하나님 아버지의 생각대로 움직이신 분입니다. 너무 힘들었지만 따르셨습니다. 성경을 보면 '예수님이 이런 말씀을 하시다니?'라는 생각이 들 정도로 놀라운 말씀이 기록되어 있습니다.

베드로와 세베대의 두 아들을 데리고 가실새 고민하고 슬퍼하사 이에 말씀하시되 내 마음이 매우 고민하여 죽게 되었으니 너희는 여기 머물러 나와 함께 깨어 있으라 하시고 마 26:37-38

한마디로 죽을 지경이라는 뜻입니다. 몸을 가지신 예수님은 십자가 고통이 얼마나 힘든지 잘 아셨습니다. 그 점을 머리로도 인지하셨습니다. 그래서 '죽을 지경'이라는 말씀을 하신 것입니다. 그만큼 힘들고 어려운 일이었으나 예수님은 기도하고 해 내셨습니다. 기도하시면서 머리이신 아버지의 뜻과 생각 앞에 자신을 내려놓으셨습니다(마 26:39).

그러나 제자들은 머리이신 그리스도가 말씀하신 대로 움직이지 않고 잠이 들었고, 그런 그들에게 예수님은 "너희가 나와 함께 한 시간도 이렇게 깨어 있을 수 없더냐"(마 26:40)라고 말씀하셨습니다. 제자들의 경우 머리를 따라 움직이지 않는, 따로 노는 몸입니다. 가슴이 따라 주지 않기 때문입니다.

그리스도가 완전한 머리가 되셔야 합니다. 나의 뇌는 그리스도여야 합니다. 그 사실을 인정하고 머리를 존중하는 삶을 살아야 합니다. 그러한 삶을 살아가려면 어떻게 해야 할까요?

이제 우리는 그리스도께 우리의 영적 에너지를 쏟아부읍시다. 우리의 힘을 우리의 뇌이신 예수님께 집중시키면 됩니다. 계산을 해도 그리스도 중심, 분석을 해도 그리스도 중심, 생각을 해도 그리스도 중심! 고려해야 할 모든 것의 가장 큰 비중을 그리스도가 차지하시게 해야 합니다. 그것이 바로 그리스도를 우리의 뇌요 머리 역할로 받아들인 삶입니다.

그렇게 함으로써 가장 유익한 사람은 바로 나 자신입니다. 왜냐하면 그리스도는 이 세상 그 무엇보다, 그 누구보다 지혜로우시기 때문입니다. 성경은 그리스도의 지혜를 곳곳에서 찬양합니다. 특히 요한계시록에서는 "아멘 찬송과 영광과 지혜와 감사와 존귀와 권능과 힘이 우리 하나님께 세세토록 있을지어다 아멘"(계 7:12)이라는 말로 주님을 찬양합니다.

따라서 그리스도의 뜻을 따르면, 즉 머리이신 그리스도가 시키시는 대로 하면 지혜롭게 사는 삶이 보장되어 있습니다. 세상이 미련하게 여겨도, 최종 승리자의 삶을 살 수 있는 지혜를 얻게 되는 것입니다. 그러므로 하나님을 경외함이 지혜입니다. 하나님을 경외하고 그리스도를 존중하는 것이 우리의 인생을 지혜롭게 만듭니다(시 111:10; 잠 1:7, 9:10).

내 머리 쓰지 마십시오. 하나님 앞에서 잔꾀 부리지 맙시다. 그리스도 앞에서 내 머리를 자랑하지 맙시다. 그분을 존중하십시오. 그분을 앞세우십시오. 그분의 말씀을 우선적으로 고려하십시오. 이 일을 위해 우리 삶의 영적 생활 중에 예배에 가장 집중해야 합니다. 그러면 우리 인생은 절대로 꼬이지 않습니다.

이스라엘의 조상 야곱은 자기 머리를 많이 썼지만 그 결과는 험악했습니다. 간교했기 때문입니다. 머리를 많이 써서 원하는 것을 가졌지만 부작용이 너무 많아 힘이 들었습니다. 인간은 하나님이 부작용이 없고 어떤 문제도 일으키지 않는 가장 안전한 방법을 주셔도 당장 더 빠르고, 더 많은 편을 선택하려고 하는 어리석은 존재입니다.

나다나엘을 만나신 예수님은 그를 가리켜 '참 이스라엘 사람'이라고 지칭하셨습니다. 그러면서 그 속에 간사함이 없음을 칭찬하셨습니다(요 1:45-47). 그는 간교하고 치밀하게 자기 이익을 따라 계산하는 사람이 아니라고 하신 것입니다. 즉 '야곱스럽지 않다'는 의미입니다. 그런 야곱의 이름이 변하여 '이스라엘'이 되었는데, 나다나엘이 그 '참 이스라엘 사람'이라는 것입니다. 야곱처럼 내 잔꾀가 아닌 하나님의 뜻이 내 뇌를 움직이게 해야 합니다.

간사함과 간교함은 마귀의 특징입니다. 하나님을 대적하는 사탄은 매우 간교합니다. 하나님이 지으신 들짐승 중에 가장 간교한 짐승이 뱀입니다(창 3:1). 그런데 사탄은 어떻게 존재하게 되었을까요? 천사가 자기 스스로 생각하고 높임 받고 싶어서 자기 지위를 벗어남으로 사탄이 된 것입니다. 사탄은 똑똑한 아담과 하와를 흔들어 놓았습니다. 하나님의 분명한 뜻을 뒤로한 채 사탄의 유혹을 따르게 만들었습니다. 이처럼 사탄으로부터 오는 생각은 간교함입니다.

그러므로 우리는 그리스도를 우리의 머리로 삼아야 합니다.

말로만 그리스도가 나의 머리라고 하는 것이 아니라, 진정 그분의 생각대로 움직이는 삶을 살아야 합니다.

그분의 뜻이 무엇입니까? 하나님은 하나님의 뜻을 매우 분명하게 정리해 주셨습니다. 성경에 기록된 말씀입니다. 그러므로 이제 우리는 하나님의 말씀을 많이 읽고 묵상해 나의 뇌에 담아야 합니다. 입력하면 됩니다. 중요한 결정의 순간에 뇌리를 스치는 기억된 말씀이 나의 삶을 좌우합니다. 그리스도가 나의 뇌로서 역할을 하시도록 하는 방법은 말씀을 많이 묵상하는 것입니다.

영적 뇌사 상태, 조심해야 합니다

복 있는 사람은 악인들의 꾀를 따르지 아니하며 죄인들의 길에 서지 아니하며 오만한 자들의 자리에 앉지 아니하고 오직 여호와의 율법을 즐거워하여 그의 율법을 주야로 묵상하는도다 그는 시냇가에 심은 나무가 철을 따라 열매를 맺으며 그 잎사귀가 마르지 아니함 같으니 그가 하는 모든 일이 다 형통하리로다 시 1:1-3

악인은 꾀가 많아 보입니다. 죄인들은 자기의 길이 더 빠르다고 유혹합니다. 오만한 자들은 자리다툼에 목을 맵니다. 그런데 잘되는 것처럼 보입니다. 그래서 우리는 그쪽을 기웃거리기 마련

내 몸이 성전입니다

입니다. 그러나 복 있는 사람은 단호하게 반응합니다.

많은 사람이 어느 쪽이 유리할까를 따지며 계산을 합니다. 그러나 계산하지 마십시오. 형통하려고 애쓰지 마십시오. 그리스도가 나의 뇌가 되시고, 그분의 말씀이 내 머릿속에 가득하면 됩니다. 그것이 내 삶을 움직이면 됩니다. 형통이란 어떤 유혹에도 흔들리지 않고 하나님의 말씀이 내 생각과 판단을 주장할 때 열리는 길입니다.

요셉이 그러했습니다. 유혹 앞에서 그의 머리는 오직 하나님이셨기에 그는 단호하게 거절할 수 있었습니다(창 39:9-10). 보디발의 아내가 유혹하는 순간, 요셉은 결코 계산하지 않았고, 오직 머릿속에 가득한 하나님의 말씀만 따랐습니다.

아담과 하와는 어떠했습니까? 사탄의 유혹을 받았을 때 그들의 머릿속에는 하나님의 말씀이 없었습니다. 사탄의 말이 하와의 귀에 들리자 그녀는 하나님의 말씀을 머릿속에서 밀어낸 채 사탄의 말에 고개를 끄덕였습니다. 하나님의 말씀이 머리가 아니었던 것입니다.

우리도 교회를 오래 다니고 신앙생활의 연륜이 꽤 깊은데도 주님이 머리가 아니시면 세상적 계산을 할 때가 있습니다. 영적으로 뇌의 기능이 멈춰 버린 것입니다. 그러므로 영적 뇌사에 빠지지 않도록 조심합시다. 뇌가 살아 있게 하십시오. 내 머리가 좋은 줄 알고 살면 죽은 것과 같습니다. 영적 뇌사란 죽은 것이 아니고, 오히려 내가 나로 살아 있는 상태입니다. 내가 내 머리로 살려고 하는 그 순간, 죽음이 찾아옵니다.

주님만을 머리로 삼고 살아갑시다

따라서 우리의 머리는 늘 하나님 앞에 겸손하게 숙여야 합니다. 머리를 뻣뻣하게 들지 맙시다. 하나님은 우리의 손과 발, 입과 눈을 사용하십니다. 하지만 우리의 머리, 뇌는 빌리지 않으십니다. 우리의 머리는 오직 하나님이셔야 합니다. 그래야만 하나님이 내 머릿속에서 하나님의 뜻을 깨닫게 하실 수 있습니다.

내 계획대로 하는 것이 아니라, 하나님의 뜻을 깨닫고 그 뜻을 수행하는 것입니다. 내 아이디어를 그대로 이루어 주시기를 기도하는 것이 아니라, 하나님의 생각과 뜻을 이루어 가는 것입니다. 우리는 하나님을 머리로 인정하고, 우리의 머리를 그분 앞에 겸손하게 조아려야 합니다. 하나님을 경배하려면 머리를 숙여야 합니다(창 24:26-27; 출 4:31, 12:27).

예수님 앞에 가장 겸손한 모습을 보여 준 여인이 있습니다. 병든 나사로의 누이 마리아입니다(요 11:2). 마리아는 예수님께 감사하는 태도로 머리를 숙였고, 예수님의 발에 지극히 비싼 향유를 붓고 머리털로 예수님의 발을 씻어 드렸습니다(요 12:3). 마리아의 뇌리에는 예수님이 더 이상 높을 수 없는 최고셨습니다. 그녀는 자신의 가장 높고 귀한 것을 예수님의 가장 낮은 곳에 맞추었습니다. 이런 태도가 바로 "주님이 나의 뇌, 나의 머리십니다"라는 고백입니다.

오직 주님만 나의 머리로 삼고 그분 앞에 고개를 숙이면 우리의 뇌 활동이 가장 활성화됩니다. 그것이 지혜인 것입니다. 주님을 경외하는 것이 지혜의 근본이지 않습니까. 정말 하나님이 그런 우리에게 지혜를 주십니다. 그러면 차분하게 생각할 수 있고, 계산을 해도 제대로 하게 됩니다. 그리고 상황 대처 능력도 뛰어나게 됩니다.

우리의 뇌, 머리를 뛰어난 상태로 유지하는 방법은 오직 주님을 나의 머리로 삼고 살아가는 것입니다. 왜냐하면 아무리 뛰어난 머리를 가진 자라도 실수할 수 있기 때문입니다. 판단 착오로 바로잡기 힘든 선택을 하는 경우도 많습니다. 우리 사회를 힘들게 하고, 논란거리를 만들고, 오랫동안 쌓아 온 공든 탑을 하루아침에 무너뜨리는 사람들을 보십시오. 그들 대부분은 학력이 뛰어난 사람들로, 그 어려운 고시도 통과하고 수직 상승을 했던 사람들입니다. 자기 머리를 믿고, 자기 능력을 믿고, 자기가 주도하는 인생은 성공적일 수 있습니다. 그러나 결말이 좋지 않습니다.

우리는 아무리 똑똑해도 주님을 내 머리로 삼아야 합니다. 그러므로 뛰어난 능력도 없으면서 내 머리를 믿고 사는 사람은 보통 용감한 사람이 아닙니다. 저 역시 내세울 것이 없어 주님이 머리라고 생각하며 살아가려고 힘쓰지만, 그래도 실수합니다. 그때는 주로 '내가 머리다' 싶을 때, '내 아이디어가 꽤 괜찮다'라고 생각할 때입니다. 하나님을 제대로 알면 나의 작음을 알게 되기에 저절로 고개가 숙여집니다.

뇌의 기능을 다시 한 번 돌아봅시다. 뇌는 귀와 눈으로 들어온 정보를 조정하고, 파일을 정리하고, 기억할 것을 저장하는 일을 합니다. 건강한 뇌, 즉 주님이 지배하시는 뇌는 정보를 걸러 내고, 지울 것은 지우고, 파쇄할 것은 완전히 없애 줍니다. 그리고 우리가 입에서 생산할 말을 정리하고 조절해 줍니다.

살이나 뼈, 피에 문제가 생겼을 때 뇌는 경고할 수 있도록 센서를 활성화합니다. 마찬가지로 영적으로 문제가 생기면 우리 뇌는 그 문제를 감지하고 통지해 주고 반응하고 적절히 처리하도록 도와줍니다. 더욱이 우리 삶의 목표를 바로잡아 주고 그것을 어떻게 가꾸고 유지할지를 결정하는 가장 중요한 기능을 합니다.

주님이 머리십니다. 그분이 나의 브레인이십니다. 그분의 말씀이 나의 뇌에서 늘 떠나지 않기를 바랍니다. 중요한 순간마다 뇌리를 스치는 하나님의 말씀을 경험합시다.

한 가지 더 당부하고 싶은 말은 반드시 뇌를 활성화해야 한다는 것입니다. 뇌 기능은 좋아질 수 있다는 것이 정설입니다. 주님 생각을 많이 하고, 주님의 말씀을 많이 묵상하면 뇌가 좋아집니다. 더불어 주님이 나의 뇌, 머리가 되시는 삶의 훈련이 됩니다. 벼락치기를 하듯 말씀을 공부하면 오래 기억하기 힘듭니다. 꾸준히 말씀을 생각하고, 지속적으로 주님을 내 삶의 중심에 모시고 사는 삶으로 우리의 영적 뇌가 가장 활성화될 것입니다.

가장 중요한 뇌를 신체 기관 중 마지막에 살펴보았습니다. 우리는 건강한 뇌 활동, 건전한 생각과 판단을 할 수 있도록 말씀을 묵상하고 기도하고 온전히 예배하는 자로서 분명한 태도를 취해야 합니다. 그러면 뇌의 건강한 기능이 유지되고 건전한 삶을 살 수 있습니다.

12. 삶

20 나의 간절한 기대와 소망을 따라 아무 일에든지 부끄러워
하지 아니하고 지금도 전과 같이 온전히 담대하여 살든지
죽든지 내 몸에서 그리스도가 존귀하게 되게 하려 하나니
21 이는 내게 사는 것이 그리스도니 죽는 것도 유익함이라
22 그러나 만일 육신으로 사는 이것이 내 일의 열매일진대 무
엇을 택해야 할는지 나는 알지 못하노라
23 내가 그 둘 사이에 끼었으니 차라리 세상을 떠나서 그리스도
와 함께 있는 것이 훨씬 더 좋은 일이라 그렇게 하고 싶으나
24 내가 육신으로 있는 것이 너희를 위하여 더 유익하리라
빌립보서 1:20-24

나의 존재 자체는 하나님께 있습니다

이제 삶을 살피면서, 나의 모든 몸과 지체를 사용해 이루어야 할 삶은 어떤 방향을 향해야 할지, 그 열매는 어떠해야 할지를 생각해 보겠습니다.

우리는 삶을 가꾸고 있습니다. 존재 자체가 아닌 삶으로 '나'라는 존재를 빛내야 할 '사람'으로 살고 있습니다. 바로 이것이 우리가 존재하는 이유입니다. 온몸이 삶을 가꿉니다. 그 삶이 성공적이려면 앞서 나눈 11장까지의 말씀들이 균형을 이루어야 합니다. 온몸의 기관들이 잘 어우러져야 건강한 삶, 세상을 바꾸는 삶을 살게 되는 것입니다. 나의 존재 그 자체는 하나님께 있습니다. 우선 우리의 존재는 하나님으로부터 시작됩니다. 하나님은 우리 존재의 근원이십니다(롬 11:36).

성경에 아이를 낳지 못하던 사람들이 나옵니다. 하나님이 그들에게 아이를 주셨습니다. 아브라함에게 이삭을 주셨습니다. 자녀를 낳기가 불가능하다고 생각되는 나이에 이 일이 이루어졌습니다. 삼손의 출생 역시 신비한 하나님의 능력을 보여 줍니다. 하나님이 한나를 통해 사무엘을 주신 기록도 마찬가지입니다. 엘리사 선지자 시대에 부자였던 수넴 여인이 등장합니다. 그녀는 착하고 따뜻한 마음을 가진 여인이었으나 자녀가 없었습니다. 하나님이 그녀에게 아들을 주셨습니다. 믿기 어려운 일이 일어난 것입니다. 그런데 그 아들이 그만 병들어 죽었습니다. 거기서 끝나지 않고, 하나님은 그를 다시 살리셨습니다. 태어나게 하시는 것, 생명을 유지하게 하시는 것 모두 하나님의 주권입니다(신 30:20).

> 이제는 나 곧 내가 그인 줄 알라 나 외에는 신이 없도다 나는 죽이기도 하며 살리기도 하며 상하게도 하며 낫게도 하나니 내 손에서 능히 빼앗을 자가 없도다 신 32:39

하나님께 기도하여 사무엘을 낳은 한나는 "전에 임신하지 못하던 자는 일곱을 낳았고 많은 자녀를 둔 자는 쇠약하도다 여호와는 죽이기도 하시고 살리기도 하시며 스올에 내리게도 하시고 거기에서 올리기도 하시는도다"(삼상 2:5-6)라고 고백했습니다. 하나님만 바라보면 하나님이 살리시고 낫게 하시고 그 손으로 지키신다는 것입니다.

그러나 삶의 가치는 내가 만들어 갑니다

건강한 가치를 추구하십시오

삶이란 존재 자체를 의미하지는 않습니다. 내 존재가 그 가치를 높일 때 건강한 삶이라고 말하는 것입니다. 삶은 그냥 존재하는 것으로 만들어지지 않습니다. 삶은 내 가치관이 투여되고 목적을 지향하는 행동이 담기면서 만들어집니다. 그러므로 살고 죽는 것은 하나님의 주권이지만, 그렇게 존재하게 된 나의 가치를 높일 수 있는 사람은 나밖에 없습니다.

하나님은 우리를 존재하게 하실 때 우리 각자에게 다르지만 귀한 가능성을 담아 주셨습니다. DNA뿐 아닙니다. 좋아하는 것, 잘하는 것, 보물을 담아 주셨습니다.

'달란트 비유'에 나오듯 5달란트, 2달란트, 1달란트를 받은 자들이 있습니다. 여기서 달란트가 숫자로 표현되다 보니 오해할 수 있습니다. 이는 많고 적음을 의미하는 것이 아니라 다름을 뜻합니다. 결과가 알려 주지 않습니까? 5달란트를 받은 자와 2달란트를 받은 자들에게는 주인의 동일한 칭찬이 주어졌습니다. 자신들이 받은 달란트들을 가지고 열심히 살아서 좋은 삶을 가꿨기 때문입니다. 반면 1달란트를 받은 자는 그냥 내버려 둠으로 부가가치를 잃어버렸습니다.

우리는 하나님이 내게 주신 것들의 가치를 높여야 합니다. 그러면 부가가치가 생깁니다. 모든 상거래에서는 부가가치세를 냅니다. 부가가치세(VAT, Value Added Tax)란 부가된 가치에 대한 세금을 의미합니다. 사람을 금액으로 환산할 수는 없습니다만, '나'라는 존재는 나의 노력으로 인해 가치를 키워 갑니다. 그 가치를 인정해, 일반적으로는 누군가의 힘을 쓰려면 각각 다르게 책정된

비용을 지불해야 합니다. 그것이 연봉이 되기도 하고 월급, 시급이 되기도 합니다.

돈으로 비유하니 조금 불편할 수 있겠습니다. 어쨌든 내 가치는 내가 높여야 합니다. 요즘은 좀 어려워졌지만, 자수성가 스토리가 얼마든지 가능하던 때가 있었습니다. 환경과 상관없이 자기 가치를 높이고자 노력하는 것은 우리에게 필요한 자세입니다.

재화로 환산되는 가치만을 말하는 것이 아닙니다. 전동 휠체어가 뒤로 밀리는 모습을 보고 재빨리 뛰어가서 잡아 주어 할아버지의 생명을 보호한 일은 돈이 되는 일은 아닙니다. 그러나 그 일로 나의 가치가 올라갑니다. 위험천만한 광경을 보고도 마음이든 몸이든 움직이지 않는 사람들도 있지 않습니까. 엄마가 아이들을 차에 둔 채 차를 잠깐 세우고 나왔습니다. 그런데 브레이크에 이상이 생겼는지 차가 굴러가는 것입니다. 절체절명의 순간을 보고는 얼른 뛰어가서 운전석에 앉아 차를 세워 그 차에 타고 있는 아이들을 살리는 일도 매우 가치 있는 일입니다.

어떤 상황에서는 자기도 모르는 놀라운 힘이 나옵니다. 생명을 구해야 한다는 마음 자체가 힘입니다. 뜻밖의 상황에 그 힘을 쓰게 되면서 스스로의 가치를 알게 되는 것입니다.

녹번동에 위치한 은평평화공원에는 한 외국인 동상이 서 있습니다. 동상의 주인공은 윌리엄 해밀턴 쇼(William Hamilton Shaw) 대위입니다. 그는 한국전쟁에 참전해 인천상륙작전 후 서울 탈

환 작전 시 전사했습니다. 당시 28세의 미국인 젊은이로서, 하버드 대학교에서 박사과정 중이었습니다. 그는 1947-1948년 우리나라 해양경비대 사관학교 교관으로 근무한 적이 있습니다. 그런 그가 재입대해 한국전쟁에 참전한 것입니다. 그의 아버지는 1921년 조선에 선교사로 들어와 평양광성학교에서 학생을 가르치던 윌리엄 해밀턴 쇼(William Hamilton Shaw) 선교사, 한국 이름으로 서위렴 선교사입니다.

쇼 대위는 1922년 평양에서 태어나 아버지와 동일한 이름을 가졌고, 아버지처럼 살다가 이 세상을 떠났습니다. 전사 소식이 부산 미8군 군목으로 있던 아버지에게 전달되었고, 그는 임시 매장되었다가 전쟁 후 양화진 외국인 묘지에 묻혔습니다. 그가 한국 전쟁 참전을 결심하고 부모에게 보낸 편지 내용이 감동적입니다.

저는 지금 한국이 위기 상황에 놓여 있을 때 저의 지식과 경험을 갖고 한국을 도와야 한다는 확신이 있습니다. 그리고 주아니타(아내)와 저는 앞으로 한국에 가서 선교사로 봉사할 계획을 세워 놓고 있는데 지금 한국을 돕지 않고 기다리면서 대신 다른 사람들이 한국인을 위해 희생하고 우리를 위하여 희생한 다음, 평화가 이루어지고 난 다음, 우리가 한국에 제일 먼저 달려간 선교사가 된다는 것은 아주 공정하지 못한 일이라고 생각합니다.

쇼 대위의 전사 소식을 들은 미국의 고향과 교회에서 기금을 모아 대전에 해밀턴쇼기념예배당을 세웠습니다. 무려 5,955명이 나 되는 사람들이 기부에 참여했는데, 여기에는 한국인들도 있었던 것 같습니다. 얼마나 귀한 삶이었습니까.

하나님이 '나'라는 존재에게 주신 나만의 독특한 은사를 개발하고 훈련해 빛나게 만드는 것은 내 삶의 가치를 창출하는 일입니다. 곳곳에서 나를 필요로 하게 될 것입니다. 나는 이 세상에 사는 동안 별 같은 인생이 될 수 있습니다. 그러나 게으름으로 인해 나를 일으켜 세우고 빛나게 하지 못한다면 내가 그 책임을 진 채 살아야 합니다. 내 가치를 높이기 위한 삶이 필요합니다. 그것은 내가 해야 할 일입니다. 존재는 하나님의 사역이라면, 그 존재를 빛내는 것은 내 몫입니다. 그것은 사명이기도 합니다.

정작 귀한 자리에 앉혀 놓고 나니 그다음부터 빛을 잃은 경우도 있습니다. 이스라엘의 첫 번째 왕인 사울이 왕이 된 까닭은 그가 왕이 될 만한 삶을 살았기 때문입니다. 당시 사울의 존재 가치는 매우 높았습니다. 대단한 일을 했기 때문이 아닙니다. 그는 아버지에게 좋은 아들이었습니다. 아버지의 잃어버린 암나귀를 찾기 위한 노력, 왕으로 선택되었을 때의 겸손함 등이 매우 두드러졌습니다. 또 어려움을 당한 길르앗 야베스 사람들을 위한 용기있는 행동 등이 그러했습니다. 그런 삶이 인정을 받았던 것입니다.

그러나 사울은 왕이 된 후 스스로 가치를 떨어뜨렸습니다. 자기 욕망이 자기를 조종하기 시작할 때부터 무너졌습니다. 그렇게 높은 가치를 가졌던 사울이 자기를 잃고 말았습니다. 건강한 가치를 추구하는 삶이 멋있는 인생이요, 빛나는 삶을 만들어 냅니다.

남이 잘되게 하는 삶을 추구하십시오

나의 욕망만 위하면 나의 가치는 무너집니다. 얼마나 많이 가졌고 높은 학력을 가졌느냐는 중요하지 않습니다. 사울은 왕이 된 후 자신의 욕망만 추구하다가 모든 것을 잃고 존재 자체가 위험해졌습니다. 그러므로 삶을 존귀하게 만드는 것은 높은 자리나 많은 소유가 아닙니다. 존재 이유가 분명하고 건전한 가치를 가지고 실천해야 삶이 돋보이는 것입니다. 그래야 건강하고 멋지고 아름다운 인생을 만들어 낼 수 있습니다.

사도 바울은 인생의 목표가 분명했습니다.

> 나의 간절한 기대와 소망을 따라 아무 일에든지 부끄러워하지 아니하고 지금도 전과 같이 온전히 담대하여 살든지 죽든지 내 몸에서 그리스도가 존귀하게 되게 하려 하나니 이는 내게 사는 것이 그리스도니 죽는 것도 유익함이라 빌 1:20-21

살든지 죽든지! 바울은 단호했습니다. 그리고 바울이 원하는 것이 있었습니다. '내 몸에서 그리스도가 존귀하게 되는 것'입니다. '내 몸'입니다. 몸이 움직여서 그리스도가 존귀해지시는 것이 그의 존재 이유였던 것입니다. 그 일을 위해서라면 죽는 것도 유익하다고 고백하고 선언했습니다.

또한 바울은 "내가 그리스도와 함께 십자가에 못 박혔나니 그런즉 이제는 내가 사는 것이 아니요 오직 내 안에 그리스도께서 사시는 것이라 이제 내가 육체 가운데 사는 것은 나를 사랑하사 나를 위하여 자기 자신을 버리신 하나님의 아들을 믿는 믿음 안에서 사는 것이라"(갈 2:20)고 고백했습니다. 바울을 움직이는 힘은 그 안에 살아 계신 예수님이셨습니다. 바울이 그 가치가 이끄는 대로 움직이면서 주님의 뜻이 그의 삶을 통해 성취되었습니다.

바울은 자기가 사는 것이나 자기의 유익에 매달리지 않았습니다. 죽어도 가치 있는 목적을 위해 죽는다면 기꺼이 받아들일 생각이었습니다. 산다면 무엇을 위해 살아야 할지가 분명했습니다. 궁극적으로 살든지, 죽든지 아름다운 가치를 실현해 자기 몸에서 그리스도가 존귀해지시는 삶을 살고 싶다는 사명이 확고했습니다. 그것은 결국 주변 사람들에게 유익이 되는 삶입니다(빌 1:23-24).

나의 유익이 아닌 세상과 이웃에게 유익한 삶을 사는 것이 그리스도를 위한 삶이고, 그러한 삶을 살면 내 몸의 가치가 존귀해집니다. 바울의 이러한 태도와 삶은 그리스도인의 모범이 됩니다.

우리의 삶이 빛나려면 우리도 바울처럼 살아야 합니다. 그러므로 '나는 무엇을 위해 존재하는가?'를 생각해야 합니다. 바울은 죽음조차도 주저할 일이 아닌 최고의 복으로 여겼습니다. 그러나 죽음이 복이 되려면 삶이 아름다워야 합니다. 그때 비로소 죽음의 순간이 영광의 면류관을 쓰는 시간이 됩니다.

이사야 선지자는 하나님이 인간을 창조하신 목적을 밝히면서 "이 백성은 내가 나를 위하여 지었나니 나를 찬송하게 하려 함이니라"(사 43:21)라는 하나님의 말씀을 전했습니다. 하나님을 찬송하기 위한 존재란 어떤 의미일까요? 하나님께 영광 돌리는 자라는 뜻입니다. 사도 바울은 "그런즉 너희가 먹든지 마시든지 무엇을 하든지 다 하나님의 영광을 위하여 하라"(고전 10:31)고 말했습니다. 하나님의 영광을 위하려면 어떻게 해야 할까요? 1등 하면 될까요? 부자가 되면 될까요? 성공하면 될까요?

예수님을 믿지 않으면서 더 좋은 성적에, 더 많은 부를 가지고, 더 높은 자리에 올라가는 사람들이 많습니다. 이를 통해 하나님께 영광을 돌릴 수 있다는 착각은 금물입니다. 물론 저는 그리스도인들이 그렇게 되기를 바라고 축복합니다. 그러나 그것만으로 하나님께 영광이 된다면 그리스도인들 중 몇 사람이나 하나님께 영광을 돌릴 수 있을까요.

비록 뛰어난 자리, 뛰어난 실적이 없어도 뛰어난 가치가 드러나야 합니다. 열심히 살고 굳게 믿는 가치를 위해 어떤 이익 앞에서도 타협하지 않는 삶이 진정으로 하나님께 영광이 됩니다. 내 삶의 가치와 내가 살아가는 모습을 보고 박수할 사람이 많아지는 것입니다.

좋은 성적은 아니지만, 열심히 노력해 주어진 결과에 감사하며 최선을 다할 때 누구라도 박수받을 만합니다. 건강하지는 못해도, 늘 감사하고 최선을 다해 살아가는 모습이 오히려 하나님께 영광 돌릴 이유입니다. 부자는 아니지만, 열심히 일한 결과로서의 열매를 가지고 혼자 먹지 않고 나누는 삶을 살 때 세상은 감동받습니다. 대단한 규모의 교회만 아니라 작고 초라해도, 그리스도의 뜻을 가장 잘 드러내면서 세상에 감동을 주는 교회라면 존재 가치가 빛날뿐더러 하나님께 영광이 됩니다.

대단한 모습이지만 영광이 아닌 비난의 대상이 될 수 있습니다. "예수 믿는 사람이 왜 저래?" 사실 이런 비난은 예수 믿는 사람에 대한 막연한 기대가 있다는 의미이기도 합니다. 그 기대에 부합하지 못하기 때문에 하나님께 영광도 돌릴 수 없고, 오히려 추락하고 마는 것입니다.

사람만이 희망입니다

좋은 가치를 지니고 곧게 믿는 사람이라면 의지를 가지고 그 가치를 삶에서 실천하기 마련입니다. 우리는 그 삶을 사는 사람을 보면서 칭찬합니다. 좋은 가치를 가지면 나타나는 일반적 모습은 착하게 산다는 것입니다. 착한 삶입니다. 예수님도 산상수

훈에서 "이같이 너희 빛이 사람 앞에 비치게 하여 그들로 너희 착한 행실을 보고 하늘에 계신 너희 아버지께 영광을 돌리게 하라"(마 5:16)라고 말씀하셨습니다. 문맥에서 알 수 있듯이, 예수님이 말씀하신 '빛'과 '착한 행실'은 동격입니다.

착한 삶을 살면 주변 사람들이 존중해 줍니다. 내가 믿는 하나님을 우러러봅니다. 그러면 하나님께 영광이 돌아가는 것입니다. 우리의 존재 이유는 '착한 삶'이어야 합니다. 내 덕에 많은 사람이 유익하게 되는 것이 바로 하나님께 영광 돌리는 삶입니다.

예수님도 착한 일을 하셨습니다.

> 하나님이 나사렛 예수에게 성령과 능력을 기름 붓듯 하셨으매 그가 두루 다니시며 선한 일을 행하시고 마귀에게 눌린 모든 사람을 고치셨으니 이는 하나님이 함께하셨음이라 행 10:38

예수님이시기에 착한 일을 하신 것입니다. 착한 일을 하신 예수님은 우리에게도 착한 삶을 요구하십니다. 착하게 살면 구원받고 천국 가는 것은 아닙니다. 이미 받은 구원을 입증하는 것이 착한 삶입니다. 그리고 착한 삶을 살아가면 내가 구원받았다는 기쁨이 구체화되고 커집니다. 사도 바울도 착함을 권면했습니다(엡 5:9). 그리스도인은 빛으로 살아갑니다. 빛이라면 착하게 살아야 합니다. 착한 삶이 빛의 열매입니다.

착함은 하나님이 창조하신 사람의 원래 모습입니다. 하나님이 '보시기에 좋은' 그 상태가 착함입니다. 착함은 하나님의 형상에 담겨 있는 것입니다. 구원받은 사람에게 하나님의 형상이 회복되는 것입니다. 그러면 본질 속에 담긴, 오랫동안 감추어져 있던 본질적 착함이 드러납니다.

목사는 착해야 하고, 장로는 착해야 하고, 권사는 착해야 하고, 그리스도인은 착해야 합니다. 그럴 때 삶이 존귀해집니다. 나의 이익만 생각하는 자는 착한 사람일 수 없습니다. 그런 사람의 가치는 높이 평가받을 수 없습니다.

성공을 지위, 재력 확보, 권력을 쥐는 것 등으로 표현할 때가 있습니다. 그런데 착하지 못하면 진정한 성공은 아닙니다. 저는 착한 사람입니다. 제 이름에 '착할 선'(善) 자가 들어 있습니다. '관'(寬) 자도 너그럽다는 의미입니다. 아버지께서 지어 주신 이름입니다. 아버지는 착하셨습니다. 아들도 착하기를 원하신 모양입니다.

착한 삶은 착한 일을 해야 가능하다고 생각할 수 있습니다. 그러나 중요한 성경적 원리는 착한 일을 하는 것보다 본질적으로 착해져야 한다는 것입니다. 착하지 않은데 착한 일을 하려니 힘들 수밖에 없습니다. 그리고 잠시 착한 일을 하다가도 결국 본성이 드러납니다. 가짜라고 판명 날 수도 있습니다.

성품의 변화는 가능합니다. 그 일은 예수 그리스도 안에서 이루어질 수 있습니다. 예수님은 "이와 같이 좋은 나무마다 아름다운 열매를 맺고 못된 나무가 나쁜 열매를 맺나니 좋은 나무가 나쁜 열매를 맺을 수 없고 못된 나무가 아름다운 열매를 맺을 수 없느니라"(마 7:17-18)라고 말씀하셨습니다. 좋은 나무는 좋은 열매를 맺습니다. 즉 사과나무에 사과가 열립니다. 그러므로 우리는 예수님을 믿고 품종이 바뀌는 것입니다. 가시만 돋아 누군가를 찌르던 나무가 열매 맺는 좋은 나무로 바뀝니다. 나무도 품종 개량을 하지만 사람도 그렇습니다.

삭개오는 여리고성의 세리장으로서 자기 욕망만을 위해 살았습니다. 그러나 예수님을 영접하고 착한 삶을 살 것을 구체적으로 다짐하고 많은 사람 앞에서 다짐했습니다. 그 방법도 중요합니다. 자신의 고백을 듣는 사람들이 많으면 착한 삶을 실천할 수 있는 가능성도 높아집니다.

그럼에도 착하지 못한 그리스도인들이 얼마나 많은지요. 교회에만 열심히 나옵니다. 착하지 않아서 더 열심인지도 모르겠습니다. 회개해야 하고 하나님께 잘 보여야 하니 그런 것일까요? 자신의 지위를 이용해서 교회에 나오라고 압박하는 것은 요즘 말로 '갑질'에 불과합니다. 착한 삶으로 감동을 주어야 합니다. 우리는 뭔가 대단한 일을 하려고 하기보다는 착해져야 합니다.

그런 사람을 하나님이 높이시고 사용하십니다. 귀한 그릇으로 쓰셔서 하나님 나라를 펼치게 하실 것입니다. 그러면 내 삶의 가치가 높아집니다.

'메시아니즘'(Messianism)은 누군가가 메시아로 등장해서 세상을 구해 주기를 원하는 심리적 태도를 말합니다. 슈퍼맨을 기다리지 마십시오. 내가 착해지면 세상이 바뀝니다. 세상을 구하는 것은 내 사명입니다. 시인 박노해 씨는 "사람만이 희망이다"라고 했습니다. 좋은 사람이 좋은 세상을 만든다는 것입니다.

많은 사람이 착한 삶이란 악을 보고도 조용히 있는 것이라고 착각합니다. 그렇지 않습니다. 죄악에 대해 분노할 줄 아는 것이 착함입니다. 예수님의 분노를 떠올려 보십시오. 예수님은 과격할 만큼 분노하셨습니다. 그 예수님은 온유하시고 겸손하신 분입니다.

착함은 일상에서의 삶이 중요합니다. 디모데전서 3장 1-11절에 기록된 감독과 집사의 자격을 보면 매우 상식적이고 예의바른 태도가 보입니다. 착한 사람이 가치 있는 삶을 만들어 냅니다. 가치 있는 까닭에 세상이 박수해 줄 삶이 필요합니다. 사도행전 6장에 나오는 초대교회 일곱 집사들도 칭찬받는 삶을 살았습니다.

> 형제들아 너희 가운데서 성령과 지혜가 충만하여 칭찬받는 사람 일곱을 택하라 우리가 이 일을 그들에게 맡기고 행 6:3

교회에 얼마나 열심히 나오느냐가 기준이 아닙니다. 착한 삶으로 우리의 믿음이 증명됩니다(롬 14:18).

내 몸이 성전입니다

착한 사람 되어 천국 같은 세상을 만듭시다

아름다운 삶을 살면 기억됩니다. 역사가 기억해 주며 그 흔적이 오래 남습니다. 그리고 사람들의 마음에도 남고, 무엇보다 주님이 기억해 주십니다. 의인은 영원히 기억됩니다(시 112:1-6). 영원한 기억이 무엇입니까? 앞서 살펴보았던 윌리엄 해밀턴 쇼 대위의 동상이 그 예입니다. 그는 기억되는 삶을 산 것입니다. 결국 삶을 아름답고 건강하게 가꾸는 것은 나 자신을 위해서입니다. 나를 기억하는 사람이 기분 좋은 삶을 산다면 얼마나 행복하겠습니까.

하나님은 하나님의 이름에 합당한 영광을 돌리고 싶었던 다윗을 높이셨습니다. 다윗의 삶은 하나님 나라를 위해 귀하게 쓰임 받았습니다. 세상을 바꾸는 역할이었습니다. 자기를 위한 삶이 아닌, 하나님께 합당한 영광을 돌리는 삶이었습니다. 하나님은 그에게 "내가 너를 목장 곧 양을 따르는 데에서 데려다가 내 백성 이스라엘의 주권자로 삼고 네가 가는 모든 곳에서 내가 너와 함께 있어 네 모든 원수를 네 앞에서 멸하였은즉 땅에서 위대한 자들의 이름같이 네 이름을 위대하게 만들어 주리라"(삼하 7:8-9)라고 약속하셨습니다. 세상을 따라가지 않는 삶이었습니다. 성공을 좇지 않았습니다. 그런데 자자손손 그 복을 이어 갔습니다.

세상과 다르게 살면 세상으로부터 버림받고 손해 볼 것 같습니다. 그러나 차원 높은 삶, 수준 높은 가치를 실천하려는 노력은 결국 세상을 감동시키는 법입니다. 성공이 아닌 의리, 우정, 따뜻함의 가치를 소중하게 여긴 결과입니다. 잠시 한눈팔더라도 제자리로 돌아오면 행복합니다. 우리가 그러한 삶을 살면 당연히 하나님이 인정하시고 길을 여십니다.

삶을 건강하게 가꿉시다. 내 몸의 모든 기능을 가장 건강하게 기능하게 해 삶이 건강하도록 하는 일에 집중해야 합니다. 몸으로 만드는 삶을 존중받을 만한 삶으로 만들어 갑시다. 착한 삶을 살아갑시다. 그런 그리스도인들이 많을 때 세상이 천국처럼 변합니다. 천국 같은 세상은 착한 사람들이 만들어 냅니다. 천국 같은 세상을 만드는 일은 주님이 오셔서 하시는 일이 아님을 기억합시다. 내 삶이 만들어 냅니다. 내가 중요합니다. 내 몸을 건강하게 유지합시다. 몸의 각 부분이 모두 건강하게 기능하도록 합시다.

그러나 그렇게 살아가다 보면 지칠 때가 있습니다. 열심히 살고 정직하고 착하게 살아갈수록 힘든 일이 많습니다. 아무렇게나 살면 지치지 않을지 모르겠습니다. 그러나 아무리 지쳐도 주님이 잡아 주십니다. 결국 내 삶은 내 힘으로 사는 것이 아닙니다. 내 귀, 눈, 입, 손, 발 등 모든 지체가 건강하고 삶이 아름답게 펼쳐지도록 하는 힘은 주님으로부터 옵니다.

예수님이 이 세상에 계시는 동안 얼마나 지치셨겠습니까. 사랑하고 감싸 주고 나눠 주고 먹여도 결국 돌아서는 자들, 예수님을 미워하고 죽이고 싶어 하는 자들, 그리고 결국 그분을 죽인 자들 때문에 얼마나 힘드셨을까요. 그러나 예수님은 그 모든 고난을 아버지께 매달려 이겨 내시고 부활의 승리를 보여 주셨습니다. 그분이 우리를 도우십니다. 그래서 우리를 도우실 수 있습니다. 우리에게 있는 대제사장은 우리의 연약함을 동정하지 못하실 이가 아니요, 모든 일에 우리와 똑같이 시험을 받으신 이로되 죄는 없으시기 때문입니다(히 4:15). 그리스도를 바라봅시다.

> 이러므로 우리에게 구름같이 둘러싼 허다한 증인들이 있으니 모든 무거운 것과 얽매이기 쉬운 죄를 벗어버리고 인내로써 우리 앞에 당한 경주를 하며 믿음의 주요 또 온전하게 하시는 이인 예수를 바라보자 그는 그 앞에 있는 기쁨을 위하여 십자가를 참으사 부끄러움을 개의치 아니하시더니 하나님 보좌 우편에 앉으셨느니라 히 12:1-2

우리를 도우시는 주님 덕분에 반드시 승리할 것을 믿고 환호하며 이깁시다. 우리의 삶은 몸으로 만들어 갑니다. 온몸이 움직입니다. 내 얼굴을 만드는 근육의 움직임부터 손가락 하나 움직이는 것까지 나의 삶으로 이어집니다. 그 삶이 예배가 되게 합시다. 언택트 시대, 함께 모여 예배드리지 못하는 때에 우리는 온몸으로 삶의 예배를 경험합시다.

이 책에서 지금까지 살펴본 모든 내용에 대한 결론적인 말씀은 로마서 12장 1-2절입니다. 내 몸이 진정한 산제사로 하나님께 드려지는 제물 같은 삶이 되게 합시다. 생각부터 발걸음, 손놀림, 말 한마디까지 제물입니다. 내 속에 세상의 가치가 아닌 하나님의 뜻이 녹아 있게 합시다. 이 일을 위해 주님이 당신의 몸을 우리에게 주신 것입니다. 우리도 온몸으로 주님이 드리신 제사를 다시 구현합시다.